# 诗意教育

朱莉莉　著

线装书局

图书在版编目（CIP）数据

诗意教育 / 朱莉莉著. -- 北京 : 线装书局,
2023.1
ISBN 978-7-5120-5287-1

Ⅰ. ①诗… Ⅱ. ①朱… Ⅲ. ①教育－随笔－中国－文
集 Ⅳ. ① G52-53

中国版本图书馆 CIP 数据核字 (2022) 第 227816 号

诗意教育
SHIYI JIAOYU

作　　者：朱莉莉
责任编辑：程俊蓉
出版发行：线装書局
　　　　地 址：北京市丰台区方庄日月天地大厦 B 座 17 层（100078）
　　　　电 话：010-58077126（发行部）010-58076938（总编室）
　　　　网 址：www.zgxzsj.com
经　　销：新华书店
印　　制：涿州军迪印刷有限公司
开　　本：787mm×1092mm　1/16
印　　张：14.5
字　　数：179 千字
版　　次：2023 年 1 月第 1 版第 1 次印刷

线装书局官方微信

定　　价：69.80 元

# 武山湖畔，拈花微笑（代序）

这本书，收录的是我近年对教育的一些思考。

从师范毕业至今，我一直在小学任教，在讲台边，一节课又一节课，一年又一年，像农夫在地里耕作，平常极了。世世代代，无数的人都这样劳作，一生做一件事。

每年，有几十万青年初上讲台，也有几十万教师告别讲台。对教育，对课堂，人们有什么样的认识，为什么要教、怎样教，校园究竟发生了什么变化，始终是我感兴趣的问题。虽然一直浸润其间，但我总是无法让思考走向深邃，获得准确、客观的结论，因为社会在变，影响着教育里的人和事。

我理想中的好学校不需要太多的物质，也不需要更好的建筑，好学校需要营造自由、宽松的学习环境，培养自信、独立的精神气质，提供与大自然、与社会的接触机会，发展广泛的兴趣与特长，指导掌握基本的生活技能，提升关爱他人的素养，锻炼强健的体魄……

我希望我的课堂上，所有的人都在“学”，包括讲台上的教师。“教”的过程，也是“学”的过程。我从不在意所谓的“桃李满天下”，也从不以学生的成就为荣，教师职业的趣味，可能比一般职业更能直接地观察人的成长轨迹，并在探索与磨砺中成为有智慧的人。

我崇尚师德。学生的成长，很大程度上取决于教师的价值追求，我们能看到，那些不被世风压进平庸模子的教师，心中有“人”的教师，他的自由思想会照亮教室里年轻的心。每节课都是生命的脉动，用生命激情点燃的课堂，有温度，会成为教师生命的一部分。

有时，我也会想：教育，像长途跋涉，带着一群儿童、少年，往前走，有时停下休息，偶尔也会绕点儿路；虽然我可能熟悉这段路，但我每次带着不同的人；他们最终要去不同的远方，我带领他们，直到他们有勇气踏上一段陌生的路，甚至去冒险。他们视我为同行者，抑或是“智慧使徒”，要在遥远的未来，当他们回望人生之路时才能判断。

基础教育的特点，在于教师的全部努力，经过漫长岁月之后，才可能从人的教养、习惯方面看到一点点作用，而追根溯源，却又未必能说清。教师一节课，仅仅是一滴水，但是，每一滴都是重要的，对于生命。

古人云：“耕所以养生，读可以明道。”我希望我的这本书是有情有义的。它让您看到，向上生长的姿态、乐于分享的真诚、和谐发展的力量。它让您知道，教师的幸福所在。

2022 年 6 月湖北武穴

# 目　录

# 第一辑　教育如此发生

# 在故事中感悟学校的管理

在报刊中读到几则故事，联想到我们的学校管理，很有启发。

故事1：

有一种鸟，它能够飞行几万里，飞越太平洋，而它需要的只是一小节树枝。在飞行中，它把树枝衔在嘴里，累了，就把那截树枝扔到水面上，然后飞落在树枝上休息一会儿。饿了，它就站在那节树枝上捕鱼。困了，它站在那节树枝上睡觉。谁能想到，小鸟成功地飞越太平洋，靠的仅是一小节树枝！如果小鸟衔的不是树枝，而是把鸟窝、食物等旅途中所需要的用品，一股脑儿全带在身上，那小鸟还飞得起来吗？

感悟：

小鸟成功飞越太平洋，靠的不仅是一小节树枝，而学校管理的第一重要的任务是育人，育什么样的人呢？应是具有小鸟这样具有自我发展型的人。因此，学校育人应立足学生的终身发展，近几年来我在学校中大力倡导“习惯教育”，就是想培养学生的终身发展能力。好的习惯会有助于一个人的成功，坏的习惯则阻碍一个人的发展，比如在学习习惯的培养上，我们将学习习惯分为课前学习习惯、课上学习习惯、课后学习习惯。每种类型的习惯又可根据侧重点不同，分为基本学习习惯和拓展性学习习惯。学校培养学生好的学习习惯，就能达到“授人以渔”的目的。在行为习惯的培养上，我们提出“以礼育人”，就是“以中国优秀的礼仪文化，熏陶人、塑造人”，从而实现“把学生培养成为具有良好道德品质和行为规范的人”的目标，进而“成就学生幸福、成功、快乐的人生”。

故事2：

美国石油大王洛克菲勒在谈到工作热情时，曾讲到一个石匠雕石像的故事。同样都是石匠在雕塑石像，面对“你在做什么”的问题，一个人说：“我正在凿石头，凿完这个，我就可以回家了。”这种人永远视工作为惩罚，在他嘴里最常抱怨的一个字就是“累”。另一个人说：“我正在做雕像，这是一份很辛苦的工作，但是报酬很高。毕竟我有家和孩子，他们需要稳定和温饱。”这种人永远视工作为负担，在他脑子里最常想的一句话就是“养家糊口”。第三个人放下锤子，骄傲地指着石雕说：“你看到了吗？我正在创造一件艺术品。”这种人永远以工作为荣，以工作为乐，在他心里最常流露的一个声音就是“很有意思”。作为一名教师，工作并不仅仅是辛苦的，更是神圣的，充满乐趣的。

感悟：

现在的教师普遍工作负担很重，缺乏职业的归属感与幸福感，产生了职业倦怠感。没有教师“幸福地教”，也就无法真正实现学生“幸福地学”。因此，学校管理以教师为主体，应体现在关注教师幸福感。为了最大限度地提升教师的幸福感，创造优质和谐的校园环境，制定人文科学的管理制度，营造良好的人际关系氛围，促进教师专业成长，关注教师身心健康。同时，应强调，作为教师，需要用自身积极、健康且富有多方面活力的精神、才华及个性来支持自己的事业，构建自己的职业理想：教育不是牺牲，而是享受；不是重复，而是创造；不仅是谋生的手段，更是生活本身。进而实现个性自我与角色自我的融合统一，做一名幸福的教师。作为知识分子的特殊群体，教师更需要在工作中获取尊重和实现自我。在教师激励政策上，学校应坚持多元激励，因为多一个观察的角度，就会多发现教师的一些优点。使每一位教师都能得到激励、感受成功。让所有教师追求自我成长、看到自我成长、享受自我成长的幸福。

故事 3：

某校在教师评优、考核、晋级等方面都制定了一套严格、公正的量化积分办法，每学期都能根据教师的积分对教师进行评价。量化评分的内容包括：教师的出勤、工作量、教学成绩、教研成果等多方面，但每次评价终了后，许多老教师的积分都非常靠后，与“优秀”无缘。于是，许多老教师怨声载道，工作中出工不出力，甚至“破罐子破摔”，只盼着退休那一天早点到来。

感悟：

明明是“公平”的制度，却为何没起到应有的激励作用？原因究竟出在哪里？我看关键还是出在“量化积分办法”上。“制度面前人人平等”，初一看，量化积分办法非常公正，但仔细分析，它却有失公平。原因在于老年教师相对于青年教师，有许多先天的劣势。即使开足马力，“透支生命”，积分也不可能排在年轻教师的前面。因此，学校管理激励制度的建设应因人而异地解决上述问题。作为学校管理者，首先，应树立“人本管理”的思想，把老教师视为学校的“宝”，想方设法调动他们的工作积极性。然后把全体教师按年龄分为老、中、青三组，并按各组人数所占比例，分配优秀指标。再就是因人而异，制定不同的量化积分办法。这样的积分办法，既能调动老教师在教学、教研方面的积极性，又能发挥他们的“传、帮、带”作用，让他们发挥自己的价值，体会到工作的乐趣。只有“夕阳无限好”，学校工作才能“齐步走”，出现蒸蒸日上的良好局面。

故事4：

美国钢铁大王卡耐基小时候家里很穷。有一天，他放学回家经过一个工地，看到一个像老板模样的人正在那儿指挥盖一栋摩天大楼。卡耐基走上前问：“我长大后怎样才能成为像您这样的人呢？”“第一要勤奋……”“这我早就知道了，第二呢？”“买件红衣服穿。”卡耐基满腹狐疑地问道：“这与成功有关吗？”老板模样的人指着前面的工人说：“你看他们都穿着清一色的蓝衣服，所以我一个都不认识。”说完，他又指着旁边一个工人说：“你看那个穿红衣服的，就是因为他穿得跟旁人不同，这才引起了我的注意，我也就认识了他，发现了他的才能，这几天我会安排他的一个职位。”

感悟：

不要怪这个世界不公平。如果到今天为止，你所管理的学校还没有得到社会的认可与赏识，你不妨学学这些聪明的人，给自己学校穿一件“红衣服”。因此，学校管理的效益为主，本质在于创建学校的办学特色。办学特色是指“一所学校在长期的办学过程中，选准突破口，以点带面，以局部带整体，实现整体优化而逐步形成的一种独特、优质、稳定的办学风貌”。学校特色的形成，是一所学校走向成熟的重要标志。作为农村学校来说，我们的硬件无法与城区学校相比，师资队伍也存在诸多先天不足的方面，学校的工作思路应该确立为“保稳定、抓质量、扬特色”。保证教师队伍的稳定，抓好教学质量的提升，这是根本；在这个根本的基础上，让教师们在心态平和、队伍稳定的状态下共同打造学校特色，形成学校特色建设持续发展的良好局面。反过来，学校特色建设促进了教师的专业化成长，让学生体质增强，丰富他们的课间生活，使学生拥有了健康的体魄，又进一步促进了学校教学质量的飞跃。

## 优秀传统文化与尚美教育的“邂逅”

中华优秀传统文化是中华民族的文化根脉，是语言习惯、文化传统、思想观念、人文精神及情感认同的集中体现。凝聚着中华民族普遍认同和广泛接受的道德规范、思想品格和价值取向，具有极为丰富的思想内涵。

中华优秀传统文化中的美无处不在，武师附小江林分校以“用美丽的心做美好的教育”为办学理念。即学生：行为美、语言美、形象美；教师：学识高深、师德高尚、气质高雅；学校：环境美、教育美、制度美。形成了以“尚美教育”为核心的办学特色。

我们让小学生们诵读经典，使他们直接对话圣贤，用蕴含“美”的国学让中华优秀民族精神的血液在一代又一代人身上流淌、传承、弘扬，就是我们正在努力的方向。

# 用国学经典为“尚美”文化奠基

学校文化是一所学校生生不息的永恒动力，它体现着学校的共同价值和师生的共同情感。在“尚美”特色文化建设的过程中，我们努力寻求一种力量的支撑，国学大师南怀瑾的一句话为我们指明了方向：“一个民族需要一种精神力量支撑，而一个没有文化根基的民族是没有希望的，没有自己的文化，民族就不会有进步，不会有创新。”这让我们认识到国学教育就是支撑学校文化建设的永恒力量。在阅读了大量国学经典文化典籍后，我们确立了以精神文化、物质文化、课程文化、行为文化为主体的学校文化体系。

## 底蕴深厚的精神文化

精神文化是学校文化的核心，是学校的灵魂。

在广泛阅读大量传统文化书籍后，我们汲取了对美的更深认识。“美”一般多指美的品行或美的外貌，“尚”有崇尚、追求、尊重之意，因此我们将“尚美”文化定义为：“见贤思齐，见智思学，见美思从，怀兰蕙之性，践虞舜之行，是谓‘尚美’。”以此营造崇尚道德、和谐向上的良好校园氛围。尚美之词，行德美而尚教。以美育人，承先辈之高德；以美优教，创吾辈之优良。透美育而行德体，礼教术之彰校风；韬毕校之荣辉，育师生之长风。

## 寓意深刻的物质文化

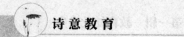

物质文化是打造“尚美”校园的重要基础。在物质文化的建设中，我们力求在精致上做文章，充分发挥建筑文化、园林文化、诗词文化等优秀传统文化的熏陶作用，让师生在举手投足之间受到潜移默化的感染。

一入校门，“古诗应景”。尚美广场文化，充分体现“四季诗意”美。依次展示春、夏、秋、冬四季的景与古诗，诗情画意结合。

楼梯台阶及两侧墙壁：突出传统励志名言，中华优秀传统文化故事等。

我们对全校每个教室的窗帘进行专门设计和定制，在每间教室的窗帘上，学校根据各年级段学生的特点，印有不同特色的古诗文和《论语》《弟子规》《三字经》《千字文》等国学经典文段，形成了江林分校特色的“国学帘文化”。

我们还在体育活动区、走廊墙壁、走廊横梁上张贴国学经典名句，为师生随时随地欣赏诗词文赋营造了良好的环境，做到每一面墙壁会说话，每一株花草能育人。

## 韵味十足的课程文化

学校把《三字经》作为校本课程，将与《三字经》有关的文化和故事引入课堂。通过诵读培养学生对中华优秀传统文化的热爱之情。

我们根据不同年级的特点，形成了独特的授课模式。一、二年级：

以故事讲述，熟读成诵；三、四年级：自读自悟，导读成诵；五年级：升华内涵，吟读成诵。通过《三字经》校本课程的开设，充分挖掘了学生的个性及潜能，进一步推进了课程改革。

同时，学校还将与之相关的“国学教育”理念渗透到各个学科领域：语文课堂交融诗词文赋，数学课堂解答经典名题，美术课堂绽放剪纸、国画艺术，体育课程引入中华武术，写字课堂飘溢墨海书香，综合实践活动探究中医精妙，社团活动研究茶文化，等等。通过构建丰富的课程体系，继承和发扬中华优秀传统文化，培养师生的民族自豪感和爱国主义精神。

## 潜移默化的行为文化

提倡通过国学经典及传统美德的教育，让师生逐步达成言谈举止皆文雅、坐立行走尽风范的目标。把《弟子规》精华作为德育课本，使之成为师生行为检查的标准。在诵读《弟子规》的基础上，每个班形成了自己的践行特色，积极开展寻找“孝心儿童”“儒雅学子”“尚美少年”等活动。在教师中开展评选“尚美师长”“师德标兵”等活动。

充分利用班会课、升旗仪式等为同学们讲传统德育故事，把诵读经典与感恩教育相结合；组织师生观看中华传统文化的动画片，开展德育故事演讲比赛；让学生从起床、锻炼、进出校门等小事做起，每日反省自己言行举止。

## 用“尚美”的活动提升学生国学素养

“一花独放不是春，百花齐放春满园。”学校以促进学生全面发展、为每个孩子创造美好未来为宗旨，不断拓宽和丰富传统文化教育的载体和形式，开展了系列化的传统文化教育主题活动。

开展“晨读、午诵、暮省”活动。利用早读、课前预备、课外活动举行形式多样的诵读活动：晨读，用“日有所诵”开启一天生活；午诵，借经典提高文化修养；暮省，反思中升华美好心灵。课前，三分钟古诗背诵已成常规，所有这些形式让孩子们将国学经典含英咀华、熟读成诵。

把古诗、《三字经》、《弟子规》与韵律操相结合，创编了适合学生的国学经典特色操。大课间，全校学生在美妙的音乐中诵读古诗，在整齐划一的动作中展现国学。

结合中国传统节日开展经典诵读活动，增强对传统文化的了解。春节和元宵节开展诗文诵读、对对子和猜灯谜活动；清明节，开展“忆忠魂，赞英雄”诗文诵读比赛；端午节，开展传统文化教育活动；中秋节，表演“望月”等经典诵读节目。

一所学校的精彩在于校园文化的追求与创造，在于生命理念的尊重与执行。武师附小江林分校全体师生将用全部的智慧和力量实施文化熏陶战略，积极打造特色文化，让尚美校园文化荡漾在师生生命的微波里，尽情书写学校的精彩、生命的精彩。

## 让硬件的教育价值最大化

学校在建校的时候，在进校门的广场上修建了一处不大的喷泉，打开开关，水会一涌而出，喷向空中，形成雨花状的水柱，煞是好看。由于费水费电，还加上经常故障不断，维修费高昂，这个花一样的喷泉只有在上级领导来校的时候才短暂的工作，即使这样，它在几年后，还是由于设备老化损坏而不得不报废，于是这一设施就再也没有人去搭理它了，这下问题就来了，偌大的一个空池子，喷泉没有了，可池子还在，学生们经常在里面玩耍，不经意间把一些果皮、纸屑什么的都留在了水池中，虽经学校政教主任、班主任等多次强调，但还是没有避免水池成为学校里面的一个卫生死角。每遇上级来校检查工作，都不得不安排清洁工对水池进行重点打扫，这一卫生“顽疾”让校长头疼不已。不过这种局面在不经意间发生了改变，由于一连下了几天的雨，池中的雨水聚集有了几十厘米的深度，门卫老王闲来无事，便在水池中放养了几尾小鱼，这下校园可沸腾了，一到课间十分钟，孩子们便爬满了水池，有的在聚精会神地观察小鱼欢快地游动着，有的在课间嬉笑声中拿馒头屑投喂小鱼，有的却是直接把从家里带来的小青蛙、小乌龟等类似家里水养殖类的动物放养到小池中，大家都玩得不亦乐乎。很多时候都是上课铃响了，大家才依依不舍地离开水池，一步三回头地走回教室。遇到有纸屑、树叶什么的飘落到了水池中，总有学生会用工具把它们捞上来，因为大家怕这些垃圾会毒死他们心爱的小鱼。就这样一个卫生死角成了校园里孩子的乐园，在他们的作文中经常会写到这个水池和池中的鱼，遇到放假或毕业了，还经常有三五成群的学生来到学校照顾他们的这些“小精灵”。

学校是一所农村寄宿制小学，条件十分简陋。学生宿舍和教师宿舍分处前后两栋小楼，由于寄宿生们绝大部分时间是在学校里度过的，时间一长他们也大多会感到烦躁，因此在寝室里大多起得很早、睡得很晚。这样可害苦了前面楼的老师们，寄宿学校的老师们很辛苦，到了房间就想休息，而后面楼的学生说话声、玩耍声又络绎不绝，为此，不知有多少教师跑到学生宿舍楼去发脾气，甚至还控制不住批评他们，可这样基本上只能控制几天，时间一长，情况又恢复到了原状，这成了学校老师们的一块心病。新学期开始的时候，当师生们再一次走进他们的宿舍时，看到了一个全新的变化：在教师宿舍楼后面墙壁凹凸的地方，因势而建了几个透明雨棚，每个雨棚里面的墙上设计了几个独特的书架，上面摆满了书；而在这些书架前面的空地上，有休闲的椅子和桌子，有秋千样的躺椅，有花坛和雕塑。这个小小的改变，彻底地唤醒了师生们读书的热情。学校不上课的时候，学生们会静静无声地挑选书籍，而休闲椅上也经常会有教师在慢慢地看着书，一派温馨浪漫的文化气息。

好学校不需要太多的钱，也不需要更好的建筑，好学校需要营造自由、宽松的学习环境，培养自信、独立的精神气质，提供与大自然、与社会的接触机会，发展广泛的兴趣与特长，指导掌握基本的生活技能，提升关爱他人的素养，锻炼强健的体魄……这些，肯定比让学生多背一首唐诗、多学几个英文单词更有意义。

## 活动育人

——春风化雨，润物无声

唐代著名诗人杜甫曾感叹：好雨知时节，当春乃发生。随风潜入夜，润物细无声……正因为“春风化雨”，才有了诗人笔下春天里郁郁葱葱的景象。

一首诗，让我想起了当下的校园活动，想起了当下的教育。比如传统文化进校园，比如开展科技创新教育，比如书香校园，比如学校举行的各种活动。有人曰，这就是一阵风，一阵风过去之后，树归树、草归草、土归土，于是有人就说学校是安静的，要静下心来做教育。

今天，处在阳春三月，我在想，春风过后，树怎么可能还是原来的树，草又何尝还是原来的草，即使脚下的土地，其实也和原来不一样了，树叶发芽了，草变绿了，脚下的这片土地也变得湿润了，春风过后，万物复苏，这是春风带来的生机，这就是生命的力量。

校园的风又何尝不是春风呢？每一次活动，我们想得最多的是如何无声地滋润学生的心灵……

3 月 5 日学雷锋日，我们开展“六个一”学雷锋活动，通过活动的开展，学生们逐渐明白学雷锋并非要做些惊天动地的好人好事，只要从身边的小事做起，坚守自己的位置，做好每一件自己力所能及的事，使其成为我们生活的一部分，“雷锋精神”必将在我们身上延续。

3 月 8 日妇女节，我们号召学生们回家给妈妈洗洗脚、捶捶背，学校里面给老师问问好，感恩的种子从此在孩子心里埋下……

3 月 12 日是植树日，我们开展“牵手百草园，美化校园你我他”活动，孩子们满怀欣喜地打造自己的百草园，用自己的双手种下了茶花、杜鹃、栀子花、桂花、玫瑰、枇杷、香樟、桑树、柳树等各类花草、树苗。这片多样、独特的百草园也承载着他们快乐的童年。

我们开展“江林故事会”阅读讲述活动，每天早上安排 10 分钟进行展示，不可否认这也是“风”，但校园一定要刮起这股“风”。要想实现学校教育的目标，阅读是必经之路，没有阅读，没有知识的支撑，怎么可能实现这些目标，静下心来搞课堂的人，当一切围绕课堂的时候，教育最后剩下的只是分数，这样的教育就更容易走向应试教育的极端。

我们还开展“走进烈士陵园”“牵手特教学校”等活动，让学生追思英烈、志做栋梁；让学生懂得每一个生命都不该被辜负。

……

我们的教育需要活动，我们的校园需要有自己的“风”，地球的季风形成了不同的气候与环境，校园的“季风”就是学校的育人特色，就是学校的文化。

唯有春风拂度，才会杨柳依依。我们的校园不应该是静如塘水，而是应该波涛汹涌，只有活动有声有色，学子才会朝气蓬勃。以活动育人，使所过者存，所存者化，这就是活动文化的魅力。

在我们的校园，我们需要有自主活动区，有开放式阅览区，有达人秀，有烹饪课，有爱心义卖，有亲子活动，有家长讲堂，有开放日活动，有运动会，有周末远足，有文艺表演，有辩论赛，走进社区，走进车间……

哲人曾说："所谓教育，就是当一个人把在学校所学全部忘光之后剩下的东西。"我们的教育应该是什么？我想就是要为孩子的成长提供各种机会，而活动是最好的方式。一个老师只有在各种活动中才会发生故事，只有做有故事的老师，才能育有温度的教育。在春风拂面的三月里写下这段文字，期待校园里的"风"能够夹带一些养分、一些花香，让教育散发出春的诗意！

## 发现教师：揭开学校发展的密码

近日，江林校区捷报频传：在武穴市教学设计大赛中，我校三位教师参赛，荣获2个一等奖，1个二等奖；武穴市信息技术说课比赛中，两位教师参赛，分获一、二等奖；武穴市师生现场书画大赛上，4位教师参赛，拿了3个一等奖，1个二等奖；武穴市幼儿艺术领域优质课大赛中，两位老师分获一、二等奖；2022年的湖北省青少年科技创新大赛上，刘辉进老师被湖北省教育厅评为“优秀科技辅导教师”；我刚刚从北京捧回了“全国首届师德师风先进学校”“全国首届师德师风先进个人”两项大奖……

作为校长，我一直有一个坚定的信念：教师是学校最宝贵的财富，人是学校的第一生产力，抓住了人的发展就抓住了学校发展的根本和关键。而发现教师，是我校全体领导的共识，正如罗丹所说：“生活中不是缺少美，而是缺少发现美的眼睛。”

## 相信教师，相信每一个教师都是优秀的

“天生我材必有用”，世界上没有两片相同的叶子，也没有两张相同的面孔。优秀不是与他人比较，而是与自己比较。只要找到自己的闪光点，尽情让自己的光芒闪耀，你就是优秀的。我们在管理中就顺性而为，把教师内在的人性力量唤醒、激发、放大，让每一个人都走在向学、向上的大道上。

成长计划。每学年开学初，我们都要求每位教师撰写个人的《成长计划》。《成长计划》的重要一点是规划这一学年的具体发展目标，并且在计划中要表达出个人的内在潜力是什么，希望学校提供什么平台。我们在阅读教师计划后，综合分析、因人设岗，充分相信每一个人，调动每一位教师的潜能。

教师才艺秀。每学期我们都举行教师才艺秀展演活动，这种活动不是单一的舞蹈或绘画才艺大赛，而是一项教师的特色展示。本学期，教师的才艺秀内容有钢琴演奏、爵士舞、魔术、傣族舞、哑剧小品、手偶表演等多种形式，真正体现能者为师、人人为师。

教学品牌日。在教师个人申报的基础上，学校统筹安排，某一天为某位老师教学品牌展示日。这一天这位老师就是学校的聚焦点：有教学思想微报告，有教学风格大课堂，有教学沙龙大家谈，有教育才艺大展示。

# 解放教师，让专业的人干专业的事

在实践中我们深深地体会到，发现教师，尊重是前提，解放才是关键。我们学校十分重视“减法思维”，给教师减去不必要的负担，把教师从无效或低效的工作状态中解放出来，去做更有价值和意义的工作。我们鼓励“我的课堂我做主”，鼓励教师有自己的思想，有自己的个性，有自己的风格。

教师课程。我们鼓励每位教师在融合国家课程和校本课程的基础上，创设自己的教师课程。教师课程就是教师个人根据学生素质发展要求，依据个人的文化底蕴、兴趣特长而开发的富有鲜明自我特色的课程，这一举措极大地解放了教师的创造性。于是“刘畅老师舞蹈课程”“陈平老师绘本课程”“汤美玲老师剪纸课程”“郭熙河老师书法课程”等像雨后春笋般地涌现。

“瘦身运动”。人要精干健康，学校管理也要瘦身去肥、轻装上阵。我们要求“瘦”掉一切不必要的形式主义、面子工程。鼓励教师在备课和批改作业上因人而异、百花齐放。可以在旧教案上二次、三次备课，骨干教师可以在教科书上写答案，可以删掉练习册上不必要的练习题，作文批改可以变精批细改为重评轻改、互批互改。

“没有天花板的教室”。这一创意含有两层意思。其一，思想没有边际，创意没有边界，鼓励教师创新课堂教学。其二，我的课堂可以行走，厨房菜园是我的课堂，福利院是我的课堂，特教学校是我的课堂，党建法制公园也可以成为我的课堂。

## 引领教师，使教师在团队中成长

这种引领首先是价值引领，还应是专业引领，更是为人处世的榜样。

名师模仿秀。这是借外力引领，让每一位教师选择一位自己最崇拜的名师，学他的教育思想，学他的教学艺术，学他的课堂操作流程。等老师觉得自己模仿已近形似乃至神似时，向全校教师展示自己的模仿秀。当然模仿秀是手段，最终是为了超越模仿，成为最好的自己。

同上一堂课。这是用身边的人引领。同上一堂课包含同年级教师同上一堂课，这是同事之间互相引领。更重要的是骨干教师与年轻教师同上一堂课，师傅与徒弟同上一堂课。这是专业引领、文化引领，更是精神引领和榜样引领。

团队展示周。这是团队引领。我们针对教研组内老、中、青三代上教研课，往往会把年轻教师推上前台，而中老年教师缺乏展示和锻炼的机会，学校开设“团队展示周”活动，规定展示周内“团队研课、全员展示”，即小组备课、分组研讨、人人上课。这样让中老年教师也有发光发热的机会和平台。

## 发现教师，为的是成就每一位教师

马斯洛的“层次理论”告诉我们，人的最高需求是“自我价值的实现”。当自我人生价值实现，人的内心才能出现所谓的“高峰体验”。教师的人生价值主要体现在人生追求的达成，内在精神的丰盈，社会大众的充分认可与欣赏，教育对象对自己的崇敬与爱戴以及自己教育思想体系的影响力。

发现教师还要成就教师的职业幸福。教师的职业幸福在哪里？就在每天创造性的工作情境中。我们期待教师每一天都怀有“婴儿的眼光”，每一天都带着“黎明的感觉”走进每一堂课、每一次活动。十年磨一剑，成就每一位教师，我们一直在笃定前行。

## 学校怎么办成了企业？

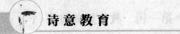

经常在各种学习培训中听到一些学校的经验介绍，听着听着就感觉越来越不像学校了，像一个个充满雄心壮志的工厂企业，有高效生产的流水线，有精细化管理的企业规范，更有一个个争名夺利的轰动目标。

### 课堂像生产高效化

当下的教育进入一个功利狂热的状态，课堂言必称“高效”，为了追求所谓的高效，老师们把时间计算到了分分秒秒，力求在最短的时间内，让学生掌握最大量的学习内容，千方百计把学生的双手和精力调节到最亢奋的状态。为了提高所谓的效率，把重难点分解、剥离成一块一块的，为的是使学生学得快，课堂上思维不受阻，教学效果出色，学生学习反馈效果好。看到这里我在想：这是学校的课堂还是工厂的车间，学生是一个个鲜活的人还是整齐划一的产品？

知识是人们长期经验的高效总结与提炼，其中的难点和学习过程中的艰辛是客观存在和难以避免的，不会因为教师的见山开路、遇水搭桥而消失。如果在所有课堂中，教师都是这种快速帮助学生消化重难点的教学，最终断送的是学生对知识难点的自我钻研与消化能力，这对于一个需要终身学习的现代人来说，将是致命的打击。

课堂需要高效吗？当然需要，但这种高效不是在一节课的短时间内追求教学容量的最大化，一个人从幼儿园到大学，他要经过近 20 年的漫长求学生涯，上数以万计的课，用得着这么追求效率的最大化吗？再说，知识是无穷无尽的，关键是培养学生一种自我学习的能力，试想一下，一个小孩，即使是一个大人，长期在一种高节奏、高容量的状态下，长年累月不间断地学习，他受得了吗？我认为高效课堂应是每一节课上，师生都有所得，这个得可以多，当然也可以少，可以是知识方面的，更可以是思想和心理方面的，只要是师生都有所收获的课堂都是高效课堂，包括学生对一些知识钻研的错误和失败，同样是一种收获。积小步可以致千里，追求有所得的课堂，比追求快节奏的课堂更有长远意义。

教育是农业，不是工业，教育不是设计、制造商品，而是一个启发、引导、唤醒和慢慢等待的过程。立竿见影、快节奏对教育来说从来都是一个笑话，那些在教育工业化背景下成长起来的、催熟出来的学生，必是发育不良、毫无创造力的庸才。

## 管理像企业精细化

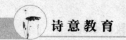

目前很多学校推行精细化管理成为一股热潮。很多校长更是将精细化管理奉为圭臬。具体做法有教师备课格式化、教学设计统一化、课堂教学流程化、作业设置标准化，不论学科、不分年级，推行同样的教学模式，指挥教学改革齐步走。在细化落实教学常规中，要求教师与学生谈心有专门记录，包括谈话人、谈话时间、交流主题、交流内容、谈话效果、记录字数等细目，定期检查考核。

让我们先来索引一下什么是精细化管理，精细化管理是一种先进的管理文化和管理方式，它源于发达国家的企业管理理念，要求工作制度化、格式化、程式化，强调执行力，以“精、准、细、严”为特征。按照精细化的管理理念，任何一项工作都要细化为明确的标准、步骤、方法，形成规范化流程，既便于操作，又便于调控，从而达到高质量、高效率“双赢”的预期。那么这种企业用来生产商品的管理规范用到教书育人的学校，是否合适呢？

我想这肯定是不合适的，一是学校与企业不同，我们的教育目标不是标准产品，教育教学是艺术不是技术，好多事情特别是深层次的改革创新，是无法用规定的流程来设定的。二是管理者过于迷信精细化管理，刻板追求工作规范化，细化流程约束教育教学，增加了管理成本和工作压力，制造了大量无效劳动，使本来身心疲惫的教师无形中又增加了一层枷锁。三是精细化管理强调刚性执行力，依赖细密的制度支撑，不允许改变既定路线，很容易使学校落入制度化的窠臼，将教育教学引向标准化轨道，陷入无缝隙管理的窒息状态，封锁了教育本应当具有的灵动和自由，遏制了教育的生命力。

我们一直在呼喊解放课堂、激发活力、发扬民主，烦琐禁锢的模式只会钳制改革、束缚思想。真心期望，我们的学校少一些企业流程管理的干扰，给教师和学生多一些自由舒展的空间，让教育管理更加科学、人文、民主，校园才会充满活力和尊严。

## 目标像广告轰动化

早在2007年，时任教育部副部长的陈小娅在第二届中国中学校长大会上寄语与会校长：要安安静静地办学，按教育规律办事，不要急躁，不要急功近利。

令人遗憾的是，如今很多的学校在制定办学目标时，还是抱着“人有多大胆，地有多大产”的态度，国际化、集体化、兼并、托管等企业发展中用到的词汇在不少学校的办学目标里面都可以找到，看到社会上艺术特长吃香，就对基础、兴趣、个性各不相同的学生搞“一刀切”的特色化训练，美其名曰创办艺术学校；不具备任何科研条件的学校，拟就了一个时髦的课题，挂上了省市课题实验校的牌子；只有几名普通教师的乡村小学，举着创建中国一流学校的旗帜；等等。如此好高骛远式的目标，最终大多是“竹篮打水一场空”。

每所学校的办学理念和文化底蕴皆不相同，都应该有适合自己发展的办学目标，不能像办企业一样追求轰动效应。学校的目标定位必须坚持以人为本、实事求是，既要注重学校的历史，又要充分考虑现有的物质条件；既要考虑教师队伍的实际能力，更要重视学生的现状和发展，只有把学校办学目标和每个教师个人的奋斗目标有机结合，发挥群体作用，才能真正彰显特色，办好学校。

十年树木，百年树人，学校的终极目标是育人。只有我们每一所学校都按照培养人的模式去办学，我们的教育才能充满勃勃生机和生命力。

## 农村学校家长会应该这样开

家长会是沟通学校与家庭之间的一座重要桥梁，对于学生的健康成长是不可或缺的。但在农村学校实际工作中，常常出现家长会难开或开不好的局面，其原因很多，主要是农村留守儿童多，父母外出打工，通知他们来学校开家长会，他们到不了；而能来的一般是祖辈，又面临着听不懂、不愿听的局面，所以现在很多农村学校几年都难以开一次家长会了，如何改变这种局面呢？我觉得我们农村学校的家长会如果变一变，效果肯定不一样。

### 一变会议地点

传统家长会是把家长邀请到学校来开会，但现如今农村学校学生的监护人大多是年老体弱，又要负担农活和家务的爷爷奶奶们，让他们来学校开会确实有很多不方便，我们如果换一下，把家长会开到农村去，效果肯定不一样。学校应该根据生源情况，由校领导带领班主任、任课教师等错时分批地到村落里召开家长会。这样一来既照顾到了隔代老人，也显得学校有诚意。另外，教师不仅可听取学生家长的意见，还可听取一些村民的意见，对学校教育来说，这可是一举多得。特别是临近春节的时候，在村落里开家长会，也能和外出务工的学生父母们进行面对面的交流，这样更加落实了家长会的目的和初衷。

## 二变会议形式

现如今为什么很多农村家长不愿意来学校开家长会呢？我想可能是我们家长会的形式太单一了，除了听讲，就是发言，能不能采用下面这几种形式呢？

1. 参观和体验校园生活。孩子在学校吃得怎样、睡得怎样、学得怎样、玩得怎样？这些才是家长们最迫切需要了解和知道的，我们的参观和体验校园生活家长会，就可以告诉他们需要知道的一切，让家长们参观学校的寝室、食堂、图书室等设施，观看学校里孩子们吃早、中餐的日常生活状态与校园学习的活动等，这样体验式的家长会更能让家长全面和深入地了解和支持学校。

2. “常来学校看看”的家长开放日。一些打工返乡的家长被邀请到学校与孩子们同乐，让家长讲“爸爸妈妈的打工故事”，学生在听故事中懂得父母挣钱的不易，激发孩子们努力学习的动力，从而对父母亲人常怀一颗感恩的心，同时也为家长抒发对孩子的期望创造了很好的契机。

3. 观摩学校的重点活动。在学校举行一些重大活动时，如开学典礼、六一儿童节等，精心设计家长会内容，邀请家长观摩。如某校开学典礼上，巧设师生“拥抱”环节，让家长观摩。通过老师拥抱学生，寄语新学期，让浓浓的师爱、殷切的期望传递至学生们的心田，使其在“亲其师，信其道”的融洽氛围中投入新学期的学习中去。孩子们脸上洋溢的笑和感动的泪，足以让在场所有家长对学校充满感激和信赖。

## 三变会议内容

1. 把家长会办成一个学生作品展示会。把孩子们一个学期以来的成绩展示出来，把家长会办成一个学生作品展示会。展示分为三部分：第一展区展示的是学生的作业本、练习本、写字本、日记本等。平时家长只看到自己孩子的本子，家长会的展示使他们可以看到全班孩子的本子，可以明确自己孩子还存在哪些问题，孩子的综合能力在班级处于什么位置。这对进一步加强家校联系共同培养学生的行为习惯将大有益处。第二展区展出的是一个学期以来孩子们主办的每一期小报。别小瞧一张小小的报纸，它培养孩子多方面的能力，如写字能力、绘画能力、收集整理资料的能力、审美能力等。看着浸满孩子们智慧和汗水的小报纸，家长们肯定都是乐呵呵的。第三展区展示的是孩子们的“成功快乐袋”，里面记载着他们一个学期以来获得的点滴成功，以及老师的鼓励和家长的寄语。班级走廊、教室里挂满了孩子们一个学期的学习成果，家长们看得津津有味。

2. 把家长会办成一个学生成果介绍会。在家长会中，由孩子们自己来总结班级各项活动。把班级工作分成几大块儿，分别由分管日常工作的班委干部汇报情况。如班级文体活动由体育委员汇报，班级好人好事由组织委员汇报……其实最了解班级日常管理的就是这些孩子。由学生来汇报班级活动的家长会很受家长的欢迎和好评。

3. 把家长会办成一个亲情教育的促进会。现如今农村学校的学生有“三多”：在校寄宿生多、留守儿童多、离异家庭子女多。这些家庭的孩子，比别的孩子更需要亲情的关怀、亲情的培养。因此我们的家庭和学校呼唤亲情、需要亲情。我们的家长会一是要针对学生中普遍存在的心理情感问题进行专题辅导讲座。抓住学生的心理特点，采用生活中的实例，对比分析学生中的突出事例，引导家长对孩子进行人生观、价值观的教育，呼吁他们重视孩子亲情的培养和维护。二是受理家长对孩子心理情感方面的咨询和辅导。家长会要为家长和孩子提供宣泄和疏导的理想平台。通过咨询和辅导，使他们能主动、及时缓解心理压力，保持健康的心理，学会自我调适，善于驾驭个人情感，在心理上做到自立、自乐。

社会在发展，形式在变化，我们的家长会只有与时俱进，在传承中变化，在变化中充实，才能成为真正意义上的一座沟通桥梁。

# 浅谈农村寄宿制小学班级文化的创建

班级是学生求学过程中身处时间最多的地方，一个优良的班级文化能对学生进行德育熏陶，让学生学会做事、学会生活、学会做人，形成一种文明、进步、蓬勃、健康的班级氛围和积极向上的班级精神。寄宿制小学的学生正处于心智发育的关键时期，他们与教师相处的时间更长一些，一个正能量的班级文化能给他们以辅助成长的作用，使我们的教育真正做到润物细无声的境界。

## 一、用优美的班级环境陶冶人

班级文化是学校德育的隐性课程，要以“无声的语言”来熏陶学生的人格，一些空洞的宣传标语，学生看不懂，难以理解和感受，在班级里不要随意张贴。走进我们学校的教室，整个教室的布置弥漫着一股浓郁的文化氛围，在教室的前门处立有一面镜子，为了让师生走进教室就能看见自己的形象，做一个衣着、形象都端端正正的人；教室正前方悬挂国旗与校训：“勤奋、文明、求实、创新”，其含义是让学生从行为、心理、外在表现上有明确的奋斗目标。黑板左侧的班级园地里设有班徽、班歌、班训等内容，目的是时刻在提醒学生，我们是一个团结的集体，你是这个集体中的一员，增强班集体的凝聚力和学生的集体荣誉感；教师后面有一栏两角等设施，一是涂鸦一个宣传栏，它重点由两部分组成：第一部分是学生的成长展示，可以是他们的照片，好的作业与作品，新学期的愿望以及奖状与证书等；第二部分是学生的成长评价，以星星奖章、加减分数、升降级等形成，对全班各个学生予以全面的评价与激励，确保人人身上有指标，人人争当雅行好少年的局面。二是办好一个图书角，学生最好的习惯，我认为是一种爱读书的习惯，我们学校每个班级配备了一个书架，然后发动学生把自己最喜欢的一本书带到学校来，放在图书角与其他同学交流，图书角还配备了一名图书管理员，以保证图书的完整与借阅图书的有序。三是开辟一个植物角，可以在教室里放一盆四季常青的植物，让学生轮流值日养护，即可以增加他们的生物知识，又可以使教室里充满生机与活力。

## 二、用“制度形态”的班级文化规范人

养成教育是寄宿制小学班级文化的重点，而只有养成制度形态的班级文化，才能成为班级良性循环的保证。为此，在教学实践中我们

具体抓了以下工作，以保证养成教育取得实效。

健全制度。结合学校的办学目标和学生的具体实际，把对学生的管理要求具体化。班级依据小学德育大纲以及新学生守则的要求，制定了一系列的规章制度，并且一些奖惩制度要经过全班讨论修订，所有制度都上墙张贴。

大力宣讲。班主任本着“晓之以理、动之以情、导之以行”的原则在每学期开学初两周内利用多种手段大力宣讲各种制度，不断强化学生的感性认识，提高学生对遵规守纪的认识水平，提高学生行为的主动性、自觉性，逐渐由他律向自律过渡。

常抓不懈。学生的养成教育是一个循环反复的过程，只有常抓不懈，才能使学生成为有良好品德和文明修养的人。因此，我们重在落实到位、管理到位，并形成班主任总体管理、班干自行管理、学生自我管理的“三位一体”的管理模式，通过不断的努力实践，抓住学生的心理规律，逐步引导学生从管理过程的被动者变为主动者、能动者，不断增强学生的主人意识、责任意识和行为意识。

开设一门别具特色的基本课程——生活课程。由于本班学生寄宿生很多，双亲在外打工的留守儿童也很多，所以针对这一实际，我们开发了一本《四会读本》即“学会吃饭、学会睡觉、学会洗澡、学会整理”，讲的是起床、吃饭、洗衣、洗澡、管理钱物等生活技能。重点是培养他们一种文明、守纪、讲卫生、合理作息的习惯与能力。课程中有平等观念的教育，有劳动观念的教育，有勤俭节约的教育，有效率和时间观念的教育，还有团结友爱的教育。

## 三、用和谐的师生关系感染人

班级是老师与学生的主要活动场所，我们应该倡导一种和谐共进的班级文化，只有这样才能塑造学生完整的人格。有效的教育取决于有效的交往，师生间相互传递着情感、知识、思想，彼此交流、增进了解，达到和谐的统一。为了师生相处真正达到和谐，教师要努力做到以下三点：一是尊重每一个学生。维护学生的人格尊严，要走进学生的心灵，做学生的知心朋友，与学生和谐相处，成为学生学习和人格成长的促进者和引路人。二是平等地对待每一个学生。教师要树立平等意识和民主意识，关爱全体学生，决不歧视任何一个差生；要学会鼓励和赏识学生，善于发现学生的优点和闪光的一面。三是真心关爱每一个学生。教师不仅要关心学生的学习成绩，还要关心学生的心理状况及生活情况，想方设法为学生排忧解难。

开设亲情教育课，弥补学生情感上的缺失。其实对于小学生来说，寄宿制教育是不完美的，过早地让一个孩子离开家庭，把他抛入集体生活中，会导致儿童早期的情感发育的损伤。但这些孩子由于父母在外务工，家里又距离学校较远，寄宿制学校是他们唯一的选择，因此，在寄宿制学校的文化建设中，亲情教育尤为重要。我们学校在每一个寄宿制班级都开设了每周两节的亲情教育课，就是在这固定的时间里对学生进行情感、感恩、亲情、关怀教育，激发学生对父母和社会的感恩情怀，使这些学生感到师生情的温暖。其上课的形式和内容有以下几个方面：一是开发了亲情教育课本，上好亲情教育课程；二是开展学生进社区走访调查活动；三是学科渗透；四是教师、学生及家长演讲报告会等。

## 四、以多彩的活动锻炼人

在班级文化建设中，我们特别注意以丰富多彩的班级文化活动来锻炼学生与人交往的能力，艺术特长能力等。

以寄宿生在校的周末时间为载体，开展丰富多彩的班级文化活动。为了让学生根植于火热的生活，每周的寄宿生活动营都举办以提高学生素质为目的的班级文化艺术活动，内容包括书法、绘画、演讲、唱歌、舞蹈、特长技艺展示等。大多数学生都能广泛参与才艺展示，在参与过程中受到良好的艺术锻炼。这些活动不仅启迪了学生的心灵，陶冶了学生的情操，培养了学生积极健康向上的学习和生活态度，还会给他们留下终生的回忆。

以重要节日和纪念日为契机对学生进行德育熏陶。例如，每年的3月5日学雷锋实践活动日，班级精心设计和组织丰富多彩的学雷锋做好事教育活动。清明节远足祭扫烈士墓，组织学生到烈士陵园举行隆重的忆苦思甜活动。父亲节、母亲节、重阳节、教师节，通过布置亲情作业，引导学生做家务，道一声感谢父母的话，写一封感恩的书信等，使学生在情理中受到教育。

适时开展近似于家的活动，如给孩子过生日等，如2021年我们学校胡老师班上有一个叫王正的学生，身上不乏缺点，上课坐不稳，爱做小动作，课堂随意说话，不讲卫生，随便拿别人的东西，不爱做作业，成绩较差，不善与同学相处。在一次家访中，胡老师发现，王正的父母长年在外打工，春节才回来住上十来天。孩子从两岁起由爷爷奶奶照看。12 月 5 日是王正的生日，为让王正也感受到生日的温馨和师生的祝福，胡老师不仅为王正准备了可口的饭菜，而且准备了香甜的生日蛋糕。当王正看到满桌子自己喜欢的菜和生日蛋糕时，情不自禁地哭了。他激动地说："今天是我最开心的一天，谢谢老师！老师，您就是我的妈妈。"从此以后，王正像变了一个人似的，学习动力十足，喜欢和同学们一起学习、玩耍。胡老师不时地记录着他的成长过程，期末考试成绩出来了，王正以语文 96 分、数学 100 分的优异成绩获得年级"十星级学生"的称号。

教育的内在价值是让学生在校园里体验成长的快乐，在发展中享受生命的幸福，一个和谐、正能量的班级文化氛围，是铸就学生完美人格的环境保证。我们将在实践中探索、完善，促进学校班级文化建设尽善尽美。

## 听校长传颂红色故事

全面深入学习党史，知行合一做教育。我们武穴是一片有着光荣革命传统的红色土地，我数次追寻红色足迹，纪念英雄、缅怀先烈。今天，我想给大家讲述开国中将陈康将军的故事。

陈康 1910 年出生于湖北武穴，1927 年参加赤卫队，1930 年参加红军。曾在陈赓手下任 772 团团长、13 旅旅长，后来又担任第 4 兵团军长，昆明军区副司令员、代司令员，中共云南省委书记，兰州军区副司令员，中央军委顾问等职。

在他 60 多年的戎马生涯中，曾经 5 次身负重伤，直到他 2002 年逝世时，身上仍残留着 11 块弹片。

1935 年 3 月，红 31 军攻打天险剑门关，初攻不克。军长王树声一挥手，陈康一马当先，冲锋在最前面，全营官兵紧随其后，一个个都是敢死队。他们士气如虹、势不可当，终于把剑门关拿了下来。此战为红 1 方面军和红 4 方面军在川西懋功地区胜[illegible]会师，扫清了一大障碍。

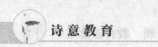

1937 年 10 月，在设伏七亘村战斗中，时任八路军 386 旅 772 团团长的陈康率团两次巧妙设伏，一举歼灭 400 多名日军，缴获 300 多匹骡马及大批军用物资，而陈康的部队仅伤亡 10 余人。

1938 年 3 月，陈康率领的部队采取分兵诱敌之计，打击晋东南的入侵日军。驻守在潞城的日军果然被诱去救，进入陈康在神头岭一带布置的伏击圈，最终将日军全歼。

陈康打过的胜仗不胜枚举，他独特的战略战术思想，受到了我军的高度重视。中越自卫反击战，就是采用的他的突袭战术。他的不少成功战例，还被编入军事教科书。

习近平总书记强调："要讲好党的故事、革命的故事、根据地的故事、英雄和烈士的故事，把红色基因传承好，确保红色江山永不变色。"陈康将军的一生，是追求真理和为人民谋幸福的一生。今天，我们追思先烈，仍然备受鼓舞和感动。汲取红色力量、传承红色基因、学习红色智慧，学思想、学精神、学智慧。当前，江林校区正处于发展壮大的关键时期，会面临许多意想不到的困难，但我们要像陈康将军那样不畏艰难、攻坚克难，努力创建"尚美教育"品牌，给孩子们发现美的眼睛、向往美的心灵和创造美的双手；深入推行新课程和教学评价体系"两项改革"；持续加强教师队伍、校园文化和基础设施"三项建设"；不断强化智慧管理、后勤服务、艺术教育和党史教育阵地创建"四项措施"；积极实施名师示范带动、教科研一体化、标准化建设、教育品牌创建和校际合作交流"五大工程"，为办人民满意的教育而不懈奋斗！

# 做有温度的教育，建讲廉政的校园

“廉政”一词平凡而高尚，每一个讲廉政的人都是一个有理想信念的人。党的十九大报告指出，要建设公平而有质量的教育，这就要求我们的学校教育必须是有温度的，是廉洁、高效的。武师附小江林校区近年来狠抓党风廉政建设工作不放松，用“五度”开创了城东新区教育工作的新局面。

## 一、政治上要有高度

“讲政治是共产党人的立身之本。”学校以学习贯彻党的十九大精神为重点，提升师生的思想政治素质。一是认真学习贯彻落实党的十九大精神，深入开展以务实清廉为主要内容的教育实践活动，重点抓好党员干部的理论学习，引导党员干部不断加强党性修养，增强宗旨意识、服务意识、廉政意识和开拓意识。二是要求各班贯彻立德树人要求，加强师德师风建设，结合学生身心特点，进一步创新方式方法，完善育人工作格局，提升育人水平和质量。三是开展好青年教师和学生理想信念教育，凝聚力量、攻坚克难，在推动全校创建“廉洁校园”的过程中，提升师生职工的使命感、责任感、归属感和幸福感。

## 二、思想上要有深度

“思想有多远，我们就能走多远。”我们以提高全校党建科学化水平为重点，创建学习型、服务型、创新型校园。一是要求全体教师倾心研究教育教学，尤其重视提升课堂教学效果的研究，高标准、高质量落实教学工作的各个环节。搞好教师校本培训活动，开发学生创造性思维，开展“全民阅读”等活动。二是广泛开展服务家长和社会活动。学校设立了家长开放日，家长可随时到校听课，并鼓励家长对学校的发展提出有益的意见和建议。

## 三、工作上要有力度

“空谈误国，实干兴邦。”学校以提升办学治校能力为重点，加强领导班子和干部队伍建设。结合江林校区实际，我们主要做好三个方面的工作。一是提高班子集体领导能力。要讲大局、讲奉献、讲团结、讲民主，从我自己开始努力做好这四点。要执行好民主生活会制度，敢于做批评和自我批评，推进民主科学决策；要围绕推进重点工作，拧成一股绳，合力攻坚克难，增强班子的号召力、凝聚力和战斗力。二要提高学校广大干部的执行力。要发挥模范带头作用，从讲政治的高度，执行上级部署，服从组织安排，强化责任管理，保证政令畅通、令行禁止。我们在学校干部培养和干部考察的过程中要充分考虑这些因素。三要加强青年干部的选拔和培养。要以提升素质和能力为重点，开展学校干部的培训、锻炼工作。不断优化队伍的年龄结构、知识结构和专业结构。

## 四、廉政上要有尺度

“廉洁才能聚人，律己才能服人；身正才能带人，无私才能感人。”学校以强化作风、纪律观念为重点，从小处着眼、大处着手来推进学校廉政建设。一是要求各处室负责人履行领导责任，发挥带头作用，强化每一名党员干部的主体意识，对在工作中表现出来的浮、懒、拖、软、散等现象进行自省自查，彻底治理。同时，要以多为师生办实事为荣，从师生反映最强烈、最急需的问题入手，集中解决一些难题，让师生切实看到变化。二是要严明工作纪律，严格考勤管理，认真执行请销假制度，严禁迟到、早退，严禁随意离岗、串岗，严禁上班时间炒股、聊天、看电影、打游戏，严禁传播不良信息。三是严明财经纪律，严格执行财政预算，从严控制公务经费支出，建立健全办公经费监管长效机制。四是加强廉政风险防控工作，进一步推进反腐倡廉建设。围绕学校党政重大决策部署和重点工作，加大对重点部位、重点环节的管理和监督。要强化廉政风险防控，建立运行有效的防控体系，进一步完善制度建设，用制度规范行为的长效机制。五是树立和宣传身边的勤政廉政典型，把制度约束转化为高度自律，把外部强制转化为内在责任，促进领导干部廉洁自律。要强化监督检查，按照民主管理的要求，推进阳光治校，严格执行信息公开、财务公开各项制度，健全监督制约机制，扩大师生的知情权和监督权。

## 五、安全上要有广度

“没有安全，就没有一切。”学校以创建平安和谐校园为重点，优化学校发展环境。一要加快全校各部门功能调整、资源整合工作进度，理顺工作关系，提高工作效率和办学效益。二要加强校园安全管理，进一步健全校园治安防范工作机制，提升人防、物防、技防能力，定期排查道路交通、饮食饮水、用火用电、实验管理等方面的隐患，狠抓督办落实。三要加强舆论引导和网络安全监控，建立网络舆情收集、分析、判断及应急处理机制，发挥校报、校园网、校园广播等舆论宣传阵地的作用，净化网络舆论环境。四要加强校园环境及文化建设，完成校园文化设施改造工程，搞好校园文化景观、文化氛围建设。五要加大外宣工作力度，广泛加强与社会媒体的联系，树立学校良好的社会形象。

我们常说：“只要人对了，世界就对了。”全体江林教育人将进一步增强责任心和使命感，以更加饱满的精神、更加和谐的状态、更加扎实的作风，同心同德、群策群力，不断开创党风廉政建设工作新局面，不断谱写学校发展的新篇章！

## 学校的蝶变之路

武师附小江林分校前身为江家林村小学，学校创办于 1952 年，是一所历史悠久的村办小学。2010 年，武穴市推行教育改革，决定由武师附小教育集团兼并江林小学，成立武师附小江林分校，我担任党支部书记、校长。

为了让学校更好地运转，推行了“用美丽的心做美好的教育”办学理念，组织实施“莲花向阳开，朵朵放光彩”主题校园文化，坚守“让尚美教育成就孩子美好未来”的办学追求，在全市率先开展艺术教育选修课程，以课程整合为抓手，构建以创新素养为核心的德、智、体、美、劳全面发展的学校育人体系，促进学校综合变革，实现了跨越式发展。

坚持德艺双馨，引领学校高质量发展。学校充分发挥分校党支部战斗堡垒作用，克难奋进，将一个在校生不足百人的村小，打造成一个在校生超2200人的示范学校。学校办学水平和能力得到全面提升，先后获得全国第二届文明校园，全国首届师德师风先进单位，全国特色文化学校，国家“十三五”重点规划课题成果评比一等奖，湖北省第二届改革奖，湖北省青少年科技创新大赛一等奖，湖北省书法教育实验学校，湖北省环保书画比赛优秀组织单位，黄冈市科普教育示范学校，黄冈市青少年科技创新大赛优秀组织奖等诸多荣誉。分校的“尚美教育”办学经验先后在全国德育网、荆楚网、《小学生天地》、《黄冈日报》等媒体广泛交流。近三年来，学校的青年教师在省级以上教育教学竞赛中获奖达189人次；在省级以上报纸杂志发表教学论文76篇；在市级以上现场讲课比赛中获奖达34人次。

坚持德才兼备，实现学校突破式发展。学校始终坚持立德树人为根本任务，争做改革创新的生动实践者。2021年党和国家颁布“双减”政策以来，学校立足“三大课堂”，倡导“三动”校园，通过不断的实践探索使学生的艺术素养和体质健康实现了突破式发展。先后有300多名学生在全国武术大赛、全国青少年科技创新大赛、全国书画大赛中获奖；2020年湖北省“小星星杯”书画大赛中，学校72人次获奖，名列湖北省同类学校第一；2021年，在湖北省生态环境厅主办的“我知道的濒危动植物”绘画征文大赛中，43人次获奖，获奖等次和数量全省第一，学校荣获了黄冈市唯一的一个湖北省优秀组织单位；培养了全国武术冠军郭钰莹，武穴市师生现场书法比赛第一名周子豪，武穴市校园足球最佳射手郭添锦等一大批优秀学子。

坚持文化育人，实现学校跨越式发展。我们重视对传统文化的挖掘和弘扬，大力实施传统文化教育整体推动战略，以巩固、拓展书法教育、经典诵读为突破点，整合各方面传统文化教育资源，形成了以“一日三餐”为特色的传统文化育人体系和模式。学校先后提升校园文化品位，改扩建运动场所，增添运动设施设备，通过多种途径提档升级改造校园，建成了现在时尚儒雅、端庄文明的校园环境。这里举行过全市校园书画大赛、校园足球联赛、市应急演练等大型赛事和现场会，是武穴城东教育形象的招牌，也是我市教育高质量发展一张响亮的名片。

坚持把教师的成长作为学校发展的首要任务。学校根据教师的不同发展实际，成立阳光教师研究院，打造教师幸福成长的“三格工程”，采取梯进式培养，由被动到主动，让每一位教师都能够自信而富有个性的成长，使不同层次的教师都能够追享到事业的乐趣。使青年教师成长最优化，骨干教师成长最快化，名师资源辐射最大化。

青蓝工程，教学新秀入格过程——以学习常规、适应教学为主线。

学校聘请教学经验丰富的教师为教学导师，每人带一位教学新秀。每周五上午第二节课，新秀上汇报课或者由导师上示范课。通过“一对一”的帮扶，让教学新秀很快明确教学规范，掌握教学技能，熟悉教学方法。

风采工程，教学骨干升格过程——以全面发展、培养特色为目标。

每个学期的“五个一”研究比赛活动、送课下乡、精品课展示等均让风采教师参与。每位教师每个学期在校内外至少讲五节公开课，参与一项课题研究，当一次学习首席官。通过高压密集培养方式，促进教学骨干成长。

名师工程，教学精英风格过程——以反思体悟、帮带引领为准则。

聘请教学经验丰富的中老年教师为教学导师，在辅导其他教师的过程中，不断梳理和形成自己的教学风格。

通过“三大工程”，促使一批青年教师立起来，一批有思想、有个性、有影响的名师亮起来。

2022年是党的二十大召开之年，也是学校发展提升的关键一年，我们将努力做强“尚美教育”品牌，给孩子们发现美的眼睛、向往美的心灵和创造美的双手；深入推行新课程和教学评价体系“两项改革”；持续加强教师队伍、校园文化和基础设施“三项建设”；不断强化智慧管理、后勤服务、艺术教育和党史教育阵地创建“四项措施”；积极实施名师示范带动、教科研一体化、标准化建设、教育品牌创建和校际合作交流“五大工程”，为创办人民满意教育而不懈奋斗！

# 第二辑　当教学碰撞诗意

# 书法教育让小学生“美”起来

## ——“尚美”书法教育浅析

书法是一种德育美育合一、体验体证合一的艺术。书法学习的过程，其实也是一种道融于技的无言的德育浸润过程。长期系统的书法教育，能够陶冶学生性情，潜移默化地塑造学生人格。青少年学习书法，只有把前贤字迹视作其生命力、人格魅力的形象体现时，才会不断通过书法提升自己的人格层次，丰润自己的生命。

因此，小学书法教育应当以“尚美”为主线，以对学生的文化知识、能力、行为、品德、精神发展熏陶为主题，以多种形式促进书法教育多样化、丰富化，用最佳的成果促进学生生命价值的体现。

## 一、书法对人“尚美”品行形成的促进作用

### 1. 用笔：凝神才能挥毫如意

毛笔书法是“字无百日功”，见效缓慢。因为毛笔书法与硬笔书法的书写工具不同，要让数百根细毫在纸上得心应手地形成合力，且能多姿多彩、变化万端，的确不是一蹴而就的。硬笔书法主要涉及形体结构和章法的训练掌握问题，而毛笔书法的笔势、笔意、笔力则要复杂得多，更能体现出人格人情的丰富多彩。

唐代大书法家柳公权说：“心正则笔正。”把书法的用笔与做人的人格统一起来，成为历史上有名的“笔谏”。杜甫说：“书贵瘦硬方通神。”柳公权强调心灵的正气，杜甫强调结体的挺拔妩媚，本质上强调的都是做人的道理。

### 2. 结体：培养联想能力，涵育正气

由于汉字与自然、人情、物理天然地存在某种对应联想关系，汉字造型的一般结构是内圆外方、顶天立地。如果长期择优而习，反复地摹写，浸濡熏陶、化入心中，久而久之会增强学生的形体把握能力和联想能力，影响学生的智力发展，净化心灵生态，涵育大气和正气。古人用矫若游龙、山川明月等种种物象来形容名家的笔势结体之美，可见汉字的结体与人情物理之间有天然的内在联系。

要在方寸之纸上建立起大千物象的联想，必须要先胸列万川，扩展自己心灵的容量和做人的气度，而这些都是青少年心灵成长的必备要素。

3. 临碑帖：与前贤进行人格对话

在浩如烟海的碑帖中选择性地学习、寻找生命的相互契合、与前贤进行人格对话，对青少年来说是一个手追神摹的人格渐修过程。古人说物以类聚、人以群分，初学书法者往往会选择自己一见如故的碑帖来临摹，这种不自觉的选择本身就包含了人格的相互契合，甚至可以一定程度上测试出一个人的审美倾向和性格特征。学生选择与自己人格相契合的碑帖，更容易缘书得法、缘书领悟人格力量，更容易从书法形体感悟背后的人文精神，从深层次体验道技相合的审美快感。

4. 溯源历史：感悟民族精神的演变

书法由篆、金文、隶、真、行、草逐渐发展而来，书体演变的本质是华夏民族各个时代的精神嬗变。遍观各个时期的名碑法帖，无不抽象浓缩地体现了那个时代独有的风采。形象地说，中国书法史就是一部华夏民族精神力量的演变史。学者博览碑帖，就是对这种民族精神潜移默化地欣赏和继承。博大精深的民族文化，在形象的书法艺术中变得不再抽象，人格力量不再空洞，一切都可以触摸、可以模仿体验、可以实践继承，这是书法艺术进行人格教育的独特之处。

## 二、发展小学“尚美”书法教育的可行性途径

1. 学科融合，相得益彰

国家层面对书法的重视应当落实到学校与教师的实际行动中去。

“尚美”在小学书法教育中的发展作用已经日益凸显，因此学校首先应当从课程基本抓起，不能局限于单一的书法课程。学校可以将学科课程同步整合，在文化课程中融入书法文化，唤醒学生的书法核心素养。在书法课程的讲解中，教师可以将课本上的书法人物故事，适当选取加工后融入课堂，增长学生见识，创造美好的课堂教学意境，使学生见贤思齐而心向往之。比如，我们学校从一年级起就开始培养学生的书法兴趣。在实施课程标准的过程中，每周三的日课表上都安排一节 1 小时的书法社团课，软笔书法课分低段和高段，低段班由一至三年级的孩子组成，高段由四到六年级的书法爱好者组成。书法班按个人兴趣分为硬笔书法兴趣班和软笔书法兴趣班，只要到时间了，孩子们就积极主动地带上所需的物品，去书法教室。书法课程设计注重多样化，注重美学的讲授、个性的培养。给学生讲解每个字的间架结构，如何追求笔锋的柔美时，教师应当增加与学生之间的互动，利用写字课赏析名家的字，如在教学颜正卿楷体“二”时，要讲究第一笔的“一”起笔重，运笔有力，最后顿笔；第二笔的逆锋起笔，笔势由粗变细，再顿笔，形似骨头。通过观看视频、老师范写、学生临摹等方式，让学生在实践中感悟到颜体的形体美。

2. 更新观念，创新思维

教师在教学过程中要注意转变自身的教学观念，增强创新性，使学生学习过程更加丰富，要将传统的或者现代的书法研究理念与书法相关联的小故事讲给学生听。如今的学生生活很幸福，虽然是六年级的大孩子了，但还有部分孩子不懂名家为什么能成为名家，不懂得珍惜幸福的生活，不愿意刻苦练字。面对这样的孩子，教师就要给他们讲讲书法家的故事，例如，怀素的“芭蕉练字”、王羲之的“入木三分”等故事。听了故事，孩子们深受感触，一个个在课余时间都坚持练字，并且在字的形体上追求完美。在教学中，教师还让学生通过视频了解最新的书法理念与方法，增长见识的同时培养了对书法的兴趣，陶冶了情操。

3. 家校合力，其利断金

在当前“双减”的关键时期，家长不仅要关注孩子的成绩，更要关注孩子的品格、道德、行为的形成，提高自己对书法的关注度，多了解尚美教育内涵对孩子品格形成的重要性。家长要在孩子的实际学习与生活过程中监督孩子对书法的训练，多多用自己的优秀行动去培养孩子对书法内涵的掌握、对美的理解，并让孩子参与各种书法比赛，享受成功的快乐。

4. 调动内需，自主学习

学生自己应当学会理解书法与美的内涵，在学习过程中重视书法的作用，注重培养自己书法习惯的养成。在课堂上，学生要认真听老师对书法知识的讲解，课中认真锻炼自己的书法技能，认真感悟书法给自身带来的熏陶与浸染，对学习中出现的问题，应当主动寻求老师的帮助，并在日常学习中加以解决。

5. 知行合一，持之以恒

有了知识理论的基础，学生应当贯彻知行合一的理念，结合自己对书法的感悟，用好的字帖、好的临摹、好的技巧贯彻书法理念，在持之以恒的练习中获得知识、能力，并塑造自己的品格。

总之，尚美书法教育在小学教育中起着十分重要的作用，但是发展状况却不是很理想，需要从学校、教师、家长与学生层面共同作出努力，以培养学生的品格之美。

参考文献：

[1] 方昌余 . 小学书法教育存在的问题及对策分析 [J]. 大东方，2018（9）。

[2] 范荣 . 书法教育促进小学生核心素养发展的探索与思考 [J]. 师道 · 教研，2019（2）。

# “五唱五美”唱歌教学法

## 音乐常规课的大致类型

单一课：唱歌课　　欣赏课　　器乐课

综合课：音乐与美术　　音乐与舞蹈　　音乐与文学　……

语文教学　　书读百遍　　其义自见

歌曲教学　　歌唱百遍　　其义自见

## “五唱五美”教学模式

1. 引唱—唱趣—欣赏美

2. 学唱—唱会—感受美

3. 演唱—唱美—表现美

4. 编唱—唱演—创造美

5. 评唱—唱评—拓展美

**环节一：**

引唱—唱趣—欣赏美

情境创设，导入新课

**引唱方法：**

律动导入法：通过肢体动作感受歌曲的节奏、速度、旋律等特点。

情境设置法：创设出与音乐有关的氛围，将学生带入音乐场景。

游戏导入法：利用学生喜爱的游戏，抓住与歌曲的结合点相机导入。

重难点导入法：提炼出歌曲中的典型节奏，重点旋律或难以掌握、容易出错的乐句和乐段。

除此之外还有：故事引入法、猜谜语、配乐诗朗诵、卡拉OK……

**注意**

1. 其实各种导入方法并没有完全的界限，可以相互掺杂交融。

2. 导入要与歌曲的学习有关，起到抛砖引玉功效。

3. 时间不宜过长，不要画蛇添足。

**环节二：**

学唱—唱会—感受美

学唱方法：教师可以先通过范唱、播放 VCD 或录音歌曲让学生聆听，从听觉上感受歌曲的意境、情绪、内容。在听的同时，从视觉上展示音乐形象，并让学生联系自己的生活经验来体验音乐（可结合音乐游戏进行），使学生主动获取新的知识，达到初步认识歌曲、了解歌曲的目的。

歌曲学唱的关键字是什么?

**听**

歌曲织体　歌曲形象　歌曲速度　歌曲力度　歌曲节拍　歌曲节奏　歌曲调式　歌曲调性

学唱策略：不要毫无意义地重复，要每次都带着新的任务，且各个“任务”都是渐进的；每听一遍都解决一个实际问题。

**环节三：**

演唱—唱美—表现美

演唱歌曲，表达意境

学唱方法：

教师可通过一系列手段启发学生理解歌曲的内容、情感。学生自由学唱歌谱（中、高年级的同学可进行视唱练习，低段的学生可不做此要求），学习歌词理解歌曲内容，通过学生相互交流、合作，让学生汇报自己会唱了几句，哪几句比较难，整首歌曲中最美、最好唱的是哪几句，让他们自己发现难点，请会唱的同学做小老师教唱。

教师进一步提炼音乐形象，可通过课件、实物等手段让学生进一步感受音乐的美，激发学生的学习兴趣，并挖掘歌曲的内涵，扩大学生的知识面。

演唱歌曲，整体体验音乐形象。调动学生用自己的声音表现音乐形象、表现歌曲，进一步提高学生的声音表现能力。

学唱策略

本环节是教学模式的重点环节，教师要将音乐基础知识和基本技能的学习，有机地渗透在音乐艺术的审美体验中，面向全体学生，以丰富多彩的教学内容、创造生动活泼、灵活多样的教学形式，为学生提供发展个性的可能和空间，达到寓教于乐的目的。

**环节四：**

编唱—唱演—创造美

编唱歌曲，实践创造

学唱策略

感受歌曲的意境，结合艺术的其他表现形式，如表演、舞蹈、诗歌、创作等，挖掘歌曲的文化底蕴，创造性地表现歌曲内涵。教师要用儿童化的语言给学生提出要求，可以小组为单位展开讨论，根据歌曲的内容、情绪对歌曲进行创造实践活动，培养学生的主体意识、实践意识、合作意识和创造意识。

教师要以音乐教学为主线，结合艺术的其他表现形式，如美术、诗歌、表演等门类以及与其他学科的联系，以丰富的视觉效果拓宽学生的音乐视野，丰富学生的文化知识，以便更好地完成教学目标，努力体现“学生是学习和发展的主体”的理念，使学生更加了解和热爱祖国的音乐文化。

本环节学生创造性地表现歌曲的意境，培养了学生的想象力、表现力和创造力。教师要以学生为主体，将学生对音乐的感受和音乐活动的参与放在重要位置，鼓励学生积极参与到音乐活动中去。

**环节五：**

评唱—唱评—延伸美

评唱演唱，拓展延伸

（可解决课堂教学中的哪些问题？）

学唱策略

在动态的教学过程中，利用评价起到促进学生发展，完善教学管理的作用。学生分组表演，开展师生、生生的相互评价，在评价的过程中鼓励学生勇于提出自己的不同见解，关注他人的不同见解，并以合作的心态接纳他人的不同见解。这样学生真正成了课堂的主人，教师则变成整个学习活动的组织者和引导者。在这种轻松愉快、和谐的气氛中学习，有利于学生的心理健康发展。

评价形式上以学生为主体，采取男、女生互唱互评；小组内部互评；个人唱小组内部其他成员评；一个小组唱其他小组评；全体唱师生共评等多种形式，在对学生进行课堂评价的同时可以布置延伸的内容，如布置与该课有关的歌曲表演或手工制作，使学生的学习兴趣得以拓展延伸。总之，要让学生大胆地参与，积极展现自我。这一环节不仅可以让学生自主学习，自由表演，主动获取知识，成为课堂的主人，对教师来讲，更是一面检验教学质量的镜子。

珍珠项链：线（情感、情境）+ 珠（音乐元素）

一线穿珠、艺术旅途

美的人生

想唱　　会唱　　唱美　　唱演　　唱评

音乐：

人生中

是一杯清茶，沁人心脾；是一片秋叶，撩人心思；是一缕阳光，暖人灵魂！

寄语：发扬工匠精神，实施美育教育

上好课　好上课　在路上

# 构建尚美课堂　凸显音乐本色

——《鸿雁》说课

当智慧和艺术充盈着我们的教学，它凸显的是一种“以美启智、以美怡情、以美育人”的灵动而有生命的课堂，这正是我们执着追求的“尚美”课堂文化。下面我以《鸿雁》一课为例，来诠释我的“尚美”课堂文化。

《鸿雁》是花城出版社五年级上册第 8 单元《多彩的乡音》中的一课，通过对蒙古音乐的学习，让学生初步了解蒙古族音乐的特点，感受蒙古族音乐独特的艺术魅力和精神内涵，让学生对我国优秀的民族音乐产生兴趣，从而传承发扬民族音乐。

根据教材特点和五年级学生实际，我确定了以下教学目标：

1. 简单了解蒙古族音乐、舞蹈特点，能对我国的民族、民间音乐产生兴趣。

2. 能熟练地听唱歌曲、分析歌曲，用歌声抒发思乡之情，从而激发学生热爱家乡的情感。

3. 把握歌曲中前倚音的唱法。

在教学中我采取了创设情境、感受鉴赏、互动合作等一系列的教学方法，使学生在“欣赏、探索、表达”中学习音乐。由此我确定了以下三大环节：

环节一：怡然自得——欣赏美

同学们，从老师的歌舞中、从美丽的画面中，你感受到一个怎样的草原？学生在听、看、赏中，一个美丽、辽阔的蒙古大草原，就呈现在学生面前，他们感受着草原意境之美。我抓住这一契机向学生娓娓道来：蒙古族是一个历史悠久、富有传奇色彩的民族，千百年来，他们过着逐水草而居的游牧生活，他们能歌善舞，流传了很多优秀的民族歌舞，刚才朱老师表演的就是其中一首内蒙古乌拉特民歌《鸿雁》。

环节二：抽丝剥茧——探索美

在很多时候，音乐都以“聆听、感受、想象”的状态存在。《鸿雁》这一课重在让学生感受游子的思乡之情，如何让学生体会这一情感呢？重在让学生在听中悟。这里，我采取了三个步骤来逐步推进。

首先，聆听歌曲，从歌名中感受。并思考为什么要以“鸿雁”来给歌曲命名？引出鸿雁这一类候鸟的习性。

其次，再听歌曲，从歌词中体会。师生按歌曲的节奏来朗读歌词，并找出歌词中能表达思乡之情的句子。

最后，细听歌曲，从旋律中品味。播放沙画版《鸿雁》，让学生随着音乐和画面想象自己遨游在蒙古大草原中，边听、边哼唱、边欣赏，体会出悠长起伏的旋律把我们带入空旷、绿草如茵的草原上，蔚蓝的天空下是成群的大雁南来北往，一幅幅美丽的画面显现在学生的脑海之中。

【在这一环节中，分别从歌曲速度、情绪、歌词、旋律中，通过层层剖析，抽丝剥茧，让学生更深一步体会蒙古民歌的美，使学生产生对民族文化的亲近感，让学生初步理解蒙古族音乐的特点。从鸿雁到北方家乡再到蒙古大草原，感受歌曲所表达的浓浓的思乡情。】

环节三：情深意长——表达美

首先，在听唱的第一个环节中，我要求学生跟着老师一起边画旋律线边用哼唱旋律。在师生模唱旋律过程中，发现新的知识点——前倚音。这里我采用对比法、欣赏法——即有无前倚音的乐句，掌握唱法，感受不同效果：

有的学生说，没有前倚音旋律平淡无奇，加入了前倚音后就像平静的湖面上丢下了一颗石头，激起层层涟漪。我给予了充分肯定，并让学生用肢体动作进行表达。接着我加入有前倚音的歌词进行演唱。通过演唱发现我离开家乡如泣如诉的不舍之情，得以表达和宣泄！让难点就在不知不觉中突破。

其次，在学习歌曲结束部分时，发现歌词："天苍茫，雁何往"这句在最后演唱了三遍，这样的安排，情绪上有什么变化呢？引导学生自主学习，感受游子对故乡的深切呼唤，体会出情感上的递进和心底深处的那份无奈。接着就让学生在师生合作、生生合作中去表达这一情感。当第一个“天苍茫”出来时，由老师带着对家乡的呼唤领唱；第二个“天苍茫”由全班学生齐唱，表达出强烈的思乡情；第三个“天苍茫”由全班女生弱唱，表达出游子漂泊在外思念家乡的无奈和悲伤。

最后，为了让学生更真切地体会到歌曲的美和浓浓的情，我们来欣赏韩磊演唱的《鸿雁》。在心里跟唱前两段，在欣赏歌曲的第三段歌词（课本之外）时，请学生跟唱。当学生跟唱到“酒喝干，再斟满，今夜不醉不还。”全曲再一次推向高潮，蒙古族人民的豪迈之情尽显其中，故乡不能忘，忘了除非醉。

【在这一环节中，采用了对比法、体验法等学习方式让学生获得情感体验。表达出歌曲借用“雁南飞，北归还”诉说游子浓浓的思乡情，感受出蒙古族音乐独特的艺术魅力和精神内涵。】

纵观我刚才展示的这节“尚美”课堂，我认为至少有以下几点让人难以忘怀的地方：

1. 学生情感体验与升华上的流连忘返。

2. 学生艺术素质熏陶与积淀上的怡然自得。

3. 教师教学智慧与艺术上的水乳交融，而这正是我对“尚美”音乐课堂的最好诠释。

## 快乐唱歌教学四部曲

作为音乐教师，我们应该知道：唱歌教学在音乐教学中有着重要的作用。一首歌曲学会很简单，但要使学生理解歌曲，完美地演唱歌曲，这就和老师的指导有着密切的关系。我经过努力探索，找到了一套比较适合自己的快乐唱歌教学四部曲。

### 一、编儿歌，培养识谱兴趣

识谱知识的传授在音乐教学中是不可缺少的一部分。为使学生对枯燥无味、难学难记的识谱知识感兴趣，我常把一些识谱知识编成儿歌帮助他们学习，培养他们的学习兴趣。

要学习二分音符、四分音符和八分音符了，怎样才能让学生掌握得又快又好呢？详细考虑后，我设计了这样一幅课堂情境：“miao、

miao，ga ga ga ，ji ji ji……”学生们都在兴趣盎然地模仿自己最喜欢、最熟悉的动物的叫声，并通过这些小动物叫声的长短来学习和区分二分音符、四分音符和八分音符。在稍作提示和归纳后，我这样说：“小朋友们学得可真像，接下来，我们一起来玩个游戏：看看谁最聪明，能把我们刚才模仿的声音编成一段好听的口诀填在下表中。”

“我能”

| | | | | |
|---|---|---|---|---|
| 我是老大猫姐姐： | miao | | miao | |
| 我是老二鸭妹妹： | ga | ga | ga | ga |
| 我是老三鸡小弟： | ji ji | ji ji | ji ji | ji ji |

“我会”

| | | | | |
|---|---|---|---|---|
| 大羊上坡 | mie | | mie | |
| 小狗跳跳 | wang | wang | wang | wang |
| 小鼠游戏 | zi zi | zi zi | zi zi | zi zi |

用自己所熟悉的动物的叫声以分角色的方式念念这个口诀，可以让小朋友们对所学知识记忆更深、掌握得更好，并且，能提高他们的综合运用能力。课间活动时，我总会听到一些小朋友把这些口诀当成歌曲来唱。这样，还用得着担心他们分不清二分音符、四分音符和八分音符吗？

## 二、用窍门，掌握演唱技巧

我平常善于根据教学内容的要求和特点，有效地引导学生，以帮助他们轻松地掌握歌唱技巧。

1. 发声练习趣味化

发声练习是唱好歌的前提，必须引起足够重视。传统的发声教学模式比较单一、枯燥、乏味，致使学生对其失去兴趣，因此，在音乐教学中，我采用以下两种办法：采用旋律优美的歌曲，如《雪绒花》《送别》等作为练习曲；让同学们根据所学歌曲的音域范围和音调特征，自己创编练声曲，来激发学生的学习兴趣。

2. 唱音练习想象化

学习连音的歌唱方法时，教师可引导学生通过划拍子时动作的柔、缓，来体会歌曲旋律的连贯性与流畅性；引导学生想象春天来临的景象，想象自己仿佛就是婀娜多姿的柳枝，随着和风的轻轻吹拂，缓缓起舞，让学生的情感体验，渐渐地与歌曲所表现的艺术情感产生共鸣，相互交融，每一音、每一拍的演唱都融入了真情。这样，学生就仿佛在春风的吹拂下，随着柳枝的轻轻摇曳，动情地歌唱，连音的演唱方法就自然而然地掌握了。学习顿音的演唱方法时，让学生回忆拍皮球的那种具有反弹的内在力量的情景，来帮助他们找到声音小而集中的力点，从而较轻松地掌握顿音的歌唱方法。这样的训练，同学们总是很认真，也很感兴趣，往往能达到事半功倍的效果。

3. 节奏训练形象化

节奏是歌曲的生命。因此，唱歌教学中节奏训练也很重要，而节奏训练的趣味化就更加重要，因为较之于发声练习，节奏训练可能更加复杂而枯燥，更加要注重训练的形象性。我认为在歌唱教学中渗透体育知识和技巧，能增加节奏训练的趣味性，促使全体同学充分参与课堂教学活动。

歌唱教学中，教师“导”得有方，学生兴趣就高，就会学得主动、记得牢固。以表演的形式导入，具有形象性和生动性的特点，给学生以无比亲切的感觉；以听赏的形式导入，具有直观性和专业性的特点，使学生真切感受到了歌曲的艺术魅力。

## 三、谈感受，进入歌曲意境

要启发学生表现美，激发唱歌兴趣。我们不能只满足于教学生唱会一首歌，重要的是要启发学生准确地表达出歌曲的感情和艺术形象，进入歌曲的意境。对于理解能力差的低年级学生来说，教师要结合他们生活中熟悉的事物和词语，作形象的比喻和讲解，激发学生学习的兴趣。

教学生唱《火车开啦》时，只领学生按节奏读了两遍歌词，他们就会唱了。但部分学生唱起来很呆板。对此，我便启发学生：“你们谁坐过火车，能说一下自己坐火车时的心情吗？”这一问，同学们可来情绪了，纷纷举手回答。接着我又用多媒体课件展示，然后问：“假如你就是歌曲中的小朋友，现在就要坐火车去北京，当火车‘咔嚓、咔嚓’启动的时候，你的心情怎么样？”这下，课堂气氛异常活跃，同学们争着举手回答。我又说：“同学们，现在老师就带你们去‘旅游’，你们想到哪儿去呢？”同学们高兴地喊起来，“‘青岛’‘北京’‘上海’”。“好！咱们先到北京去看看吧！老师来当播音员。”于是音乐一起，同学们便高兴地唱起来，好像自己真的坐上了火车。歌声中充满了真挚的情感，歌声中浸染着美的色彩。

## 四、做表演，融入音乐情感

表演与音乐是紧密联系的，表演是教学中备受学生喜爱的内容之一。低年级学生活泼好动，每学一首歌曲，我都根据歌词内容启发他们进行律动或表演，以帮助他们更好地理解歌曲。而表演对激发学生想象力、创造力、表现力，起着不可预估的作用。

以《四季花儿开》为例：（片段一）师：湘西风景美，地方大，大家一起嬉戏玩耍时不知不觉会离得很远，有时要从山的这边呼喊山那边的伙伴，你有什么办法能让声音集中并传得很远呢？（启发声音表现）能用什么动作帮衬一下呢？（启发动作表现）。又如《小鸡过河》：（片段二）师：你想象中小鸡着急是什么样的，能表现出来吗？（启发情绪体验）……师：你会怎样表演小鸡望着宽宽的河水发愁呢？我数三下，请小朋友用一个与众不同的表情和动作摆一个小鸡发愁的造型，看谁摆的造型最有特色。（启发动作表现）师：我们一起读读这首有意思的儿歌吧！注意小鸡的情绪变化，并加上动作来表演。（启发学生用恰当的表情和动作，按节奏朗读第一段歌词，表现情绪和情节的变化）

又如：在音乐活动《丰富多彩的动画人物》课堂上，学生们正在自由地扮演着自己所喜爱的动画角色。“人们叫我唐老鸭”“我是可爱的米老鼠”“啊哈、黑猫警长来了”。“请每位角色扮演者为大家表演一下所饰角色的动画片中的歌曲，还要加上自己设计的动作。现在给两三分钟时间大家分组讨论一下。”学生们边讨论、边唱、边做动作地忙碌开了，他们都希望自己的表演是最好的。角色们纷纷上台表演，各显身手，热闹极了：最神气的“黑猫警长”手持对讲机手舞足蹈；“唐老鸭”的扁嘴不断惹来阵阵笑声；“米老鼠”的舞姿优美极了……

多年的实践，让我欣喜地发现，我的学生对唱歌有了浓厚的兴趣，他们把歌唱当成了生活中的一种习惯、一种爱好。只要长期坚持下去，我相信，艺术的种子就在我们的精心呵护下开花结果，我们的学生一定能成为富有艺术涵养、具有艺术素养的人。

参考文献：

[1] 陈俊时 . 如何提高学生唱歌水平 [J]. 音乐天地，2006（9）.

[2] 唐军琳 . 谈唱歌教学中的兴趣激发 [J]. 艺术教育，2006（7）.

[3] 占静 . 小学生发声练习技巧 [J]. 科技信息（学术版），2006（9）.

[4] 何俊龙 . 培养学生对音乐的兴趣之我见 [J]. 黑龙江教育（小学版），2009（Z1）.

## 以艺育德，以德促艺

——浅谈音乐教学中的德育渗透

“开启人类智慧的宝库有三把钥匙：数字，字母，音符。”雨果的这句话道出了音乐教育的重要性。在音乐课的教学中，教师应当运用多种教学手段，来激发学生的兴趣，开启学生的智力，把德育教育有机地贯穿于教学全过程中。

### 一、从词曲着手，让德育在学生心中生根

#### 1. 歌曲教学，滋润心灵

歌唱教学是音乐教育中感受、体验审美情感最直接的手段，也是对学生渗透德育的重要阵地。歌曲以其鲜明的节奏、丰富的和声、优

美的旋律、明了的歌词来表情达意，对学生思想教育、陶冶情操起到重要作用。它独特的乐曲旋律美、歌词的语言美、音响的意境美、表达的情感美能直接触动学生的情感中枢，直接影响学生的情感世界、思想情操。教会学生唱一首歌并不难，重要的是如何使歌曲中蕴含的丰富的思想感情充分表达出来，使学生在声情并茂的演唱中性情得以熏陶，心灵受到滋润，认识真善美。因此在教唱歌曲时，教师要分析歌曲的感情特征、情感处理，要引发学生在感情上产生共鸣，在共鸣中陶冶性情，在陶冶性情中形成品格乃至意志。如《摇篮曲》歌词朴质、生动感人，音调深情、轻柔、朴实，唱出了妈妈对孩子的一片挚爱与真情。可以让学生用哼鸣轻轻模唱摇篮曲，想象摇篮摇动时的情境，让他们知道母爱是世界上最伟大的，感受母亲深深的爱。

2. 音乐欣赏，陶冶性情

音乐是通过声音来表达人类情感的感知艺术。欣赏教学是在教师的引导下从有声的音乐中获得无声的情感体验，受到美的熏陶，领悟音乐的真谛，得到精神愉悦，提高学生对真善美的辨别能力。一切有价值的音乐作品，都凝聚着人类优秀的思想和高尚的道德感情。在教学中，教师要充分调动学生的思维，使传递来的情感变成自己的情感；启发学生的思维想象力，让他们在体验音乐情感的同时，也感触到作曲家深刻的思想，使学生在听音鉴赏中潜移默化地受到音乐形象的感染和熏陶，在情操、品格和心灵上受到有益的影响。如在欣赏民族器乐曲《春江花月夜》时，我首先让学生聆听，感受乐曲幽雅、宁静、温馨的意境，领略我国民族乐器神奇而独特的表现力。接着让学生入境入情地感受作品的情绪，民族器乐合奏的协调和音乐的动静、远近、情景的结合，使学生从优美典雅的旋律中获得美的享受。最后让学生发挥想象，用他们的语言和图画来描绘乐曲的丰富内涵，深入挖掘其中的美。学生由衷地赞叹我国民乐的美妙，严肃的爱国主义教育在宁静优雅的乐曲声中渗透到学生心里，从而培养了学生的民族自豪感。

## 二、生动形象的教学方式，让德育在学生心中发芽

### 1. 在音乐故事中渗透德育

结合教材讲音乐故事，将古今中外音乐家传记、名人与音乐、趣闻逸事、作品珍闻等用故事形式讲给学生听或让学生讲，在学生的心灵中留下深刻的印象，产生不可估量的影响。如欣赏《二泉映月》，介绍阿炳的一生，以及著名指挥家小泽征尔对乐曲的评价：这首乐曲应当跪着来听。使学生了解新旧社会的巨大差别和阿炳艰辛却顽强的艺术生命，为我们瑰丽的民族文化遗产而骄傲。

### 2. 在音乐游戏中渗透德育

音乐律动、游戏最能体现儿童活泼好动的天性，它有助于学生音乐能力的发展，使学生的个性得到充分表现，更有助于培养儿童坚毅的性格及团结互助的品质。古语有云："言之不足，咏歌之，咏歌之不足，舞之蹈之。"让学生动起来，在听听、唱唱、跳跳中理解作品的艺术形象及思想内涵，充分体现音乐特有的德育渗透功能。孩子们通过

自身的实践活动可达到提高认识、辨别是非的能力。如用各民族典型的舞蹈来表现各民族音乐，加深对民族音乐的理解和热爱；用集体舞来培养学生团结协作的集体主义精神；用需要克服一定困难的游戏磨炼学生的毅力。如教学歌曲《井底的小青蛙》时，让学生分角色表演小青蛙和大海龟，边唱边模仿动作。通过诙谐有趣的表演，形象地告诉小朋友应该怎样看待自己周围的世界，树立正确的人生观。又如教学歌曲《卖报歌》时，让学生通过表情、动作表现当年卖报小朋友生活的艰难，和对未来充满希望的情绪，培养学生热爱生活、热爱祖国的责任感。

## 三、音乐实践活动，让德育在学生心中开花

音乐是表演的艺术，音乐实践活动是培养学生德育的重要平台。让学生在实践的舞台上展示自己，能不断提高学生的艺术修养，相互学习、磨炼毅力，使其能有一个健全的人格，让学生在实践中体会到“真善美”。

### 1.歌唱、演奏过程，培养学生的合作意识和集体主义精神

在音乐实践活动中创作、表演、欣赏三个环节的协作配合是非常重要的。独唱、独奏有与伴奏合作，与观众上下呼应的关系，合唱、合奏有个体与集体以及相互间协同配合的关系。只有方方面面的协调配合，才能把作品完美地表现出来。小组创作表演的合作活动中，充分发挥学生的个性特长，互帮互助、共同进步，从而激发学生强烈的

集体主义精神和合作精神。集体主义意识在合唱、合奏中是何等的重要，而相互配合协调这种意识正是学校德育教育中重要的内容。如歌曲《小蜻蜓》以跳跃的节奏、优美的旋律、形象的歌词表现了活泼、轻盈的蜻蜓形象。在分组展示竞赛的教学活动中，学生们有的唱、有的舞、有的演奏、有的指挥。充分发挥每个学生的音乐潜能，并学会与人合作、与人交流、公正评价的能力，增强了集体主义精神和合作精神。

2. 声乐、器乐训练，培养了学生勤奋坚毅的品性

学习歌唱，掌握乐理要付出辛勤的劳动，学习演唱、演奏更要经过长时间的坚持不懈的刻苦努力，要多听、多看、多练，具有坚韧不拔的品质毅力，才能成功。音乐技能训练的时间一长，学生就会产生厌倦情绪，因此音乐教师要注意调动学生的积极性，引导、激励学生以坚强毅力学习音乐，严格要求学生。“台上一分钟，台下十年功。”要使学生知道，美的歌声、乐声是通过不懈努力换来的，从而培养学生勤奋刻苦、持之以恒的意志品质。

德国音乐家亨德尔讲过：假如我的音乐只能让人愉快，我很遗憾，我的目的是让人们高尚起来。以音乐培育学生的心灵美，以音乐启发学生的智力，以音乐呼唤学生的情感，以音乐进行德育教育。因此，让我们深入挖掘音乐教育中内在的思想情感教育因素，潜移默化地把这些思想情感充分地展示给学生，让他们更好地感受、体验和表现，并从中在道德上受到影响，情操上受到陶冶，心灵上受到启迪，直至意志上受到熏陶、感染，达到“润物细无声”的德育境地。

# 《走近蒙古》教学设计

## 一、教学指导思想

小学音乐课程标准中强调，音乐课的基本价值在于通过聆听音乐、表现音乐和音乐创造活动，使学生充分体验蕴含于音乐中的美和丰富的情感，并与之产生强烈的情感共鸣。本课音乐教学设计，围绕以审美为核心，以兴趣爱好为动力的基本理念，面向全体学生，注重学生的个性发展，积极引导学生参与各项音乐活动，鼓励学生在音乐活动中的创造性。

## 二、本课设计理念

本课音乐设计以音乐体验、表现音乐为主线。采用互助合作学习形式引导学生自主学习，提倡学习过程中学生间的互帮互学，培养学生间相互交流的合作意识和团队精神。

## 三、教学目标

1. 知识与技能：在学习过程中体验优美抒情的音乐情绪、掌握蒙古舞蹈基本动作、了解蒙古族的风土人情。

2. 过程与方法：从音乐基本要素入手，通过聆听旋律、舞蹈学习、情景再现等多种活动激发并培养学生的音乐表现力和创造力；在小组学习的活动中培养学生合作精神；在实践体验过程中，发挥学生的主体地位。

3. 情感态度价值观：学生能尝试运用音乐舞蹈、美术等自己喜欢的艺术形式，表达对蒙古族的热爱。

## 四、教学重点

让学生在感受体验中根据自己的理解进行音乐表现。

## 五、教学过程

1. 欣赏《美丽的草原我的家》（一段）律动上位。

2. 师：同学们，听着这歌声，你有什么样的感受？

生：觉得歌声很美……

师：在这么优美的歌声中，你们都感觉自己仿佛来到了什么地方？

生：蒙古大草原。

师：嗯，朱老师也有同感。那么，你们了解蒙古吗？

生：……

3. 师：说得真好！“蒙古”的意思为“永恒之火”，坐落在大草原上的蒙古族是个历史悠久而富于传奇色彩的民族。千百年来，他们过着“逐水草而居”的游牧生活。蒙古人的足迹踏遍草原的每个角落。因而被誉为“草原骄子”。今天我们一起走进蒙古，去感受蒙古的别样风情，刚才我们听到的那首歌曲，就是蒙古族著名歌唱家德德玛演唱的《美丽的草原我的家》，歌曲深情表达了对蒙古土地的赞美，抒发了热爱家乡、依恋草原的情怀。接下来，让我们怀着这种浓浓的深情，再次来欣赏歌曲。会唱的同学可以一起唱唱。（生轻声哼唱）

4. 蒙古大草原真美啊，怪不得会有“千里草原铺翡翠，天鹅飞来不想回”的说法。在美丽的歌声中，我们已经来到了蒙古大草原上。瞧，草原上正在举行盛大的那达慕大会，赶紧去看看！（欣赏那达慕视频）

师讲解：那达慕大会是蒙古人一年一度的传统盛典，也是他们最喜欢的节日，因其形式多样且具地方特色而被列入国家级非物质文化遗产。

（1）盛会上的人们都在干什么呢？

生：① 骑马（请1生模仿）师纠正动作。（指出马背上的民族）

② 摔跤：（两人比画）

③ 射箭：（1 生模仿）（师：真有弯弓射大雕的气势）

④ 跳舞：（1 生模仿）摆臂、揉肩。（师讲解）（引出“歌舞之乡”）

（2）师：啊，那达慕盛会好有趣啊！朱老师的心情现在特别激动，真希望能够马上加入那达慕盛典，我还准备了一段蒙古族舞蹈呢，大家想不想看看？希望能够听到你们鼓励的掌声。

（师表演蒙古舞）

（3）师：谢谢同学们，问大家一个问题，你们想去参加那达慕盛会吗？（想）好，我们现在就来学跳一段蒙古族最具特色的骑马舞，待会儿就去大会上和蒙古族的同胞们比试比试，好不好？（好）有没有信心？（有）

5.（学跳骑马舞）

师：对了，刚才有位同学不是模仿了骑马的动作吗？跳得很好，还有谁会？大家可以自己站起来试试。

（生模仿骑马动作）

师：还真像一群草原小骑手呢。看看，老师做了个什么动作？（骑马）马儿是在怎样的跑呢？（慢慢地）那你们也来试试。（生模仿）

（师讲解动作要领：空拳、硬腕、压肘关节）

（1）慢骑。

（2）快骑。（师做手势，让学生上台表演）

师：如果我想马儿跑快点，应该怎么跳呢？

（先让学生自主跳，后师教）

师：对，把踏点步改为踏跳步，好，我们加速了。

师：老师希望马儿跑得更快，有什么好办法呢？

（3）师：老师突然想起了一个成语：策马扬鞭，这样，是不是可以让速度更快？（是）谁来给大家做一做，怎样才叫策马扬鞭？

（生表演）

师：再做，比较一下谁的动作漂亮。强调右手腕转动，左手还是空拳状。

（4）师创设情境带生跳两遍（不要音乐）。

（5）随音乐跳两遍。

师：帅气的草原小骑手们，让我们跟着音乐一起跳起来吧！

（6）请三四个同学表演。

师：有哪些小骑手愿意到前面给大家展示一下？

6. 师（做手势让生上位，并边鼓掌边说）：简直就是名副其实的草原小骑手。（给表演的同学奖头饰）一人奖一个蒙古族的漂亮头饰，老师相信，待会儿在那达慕盛会上大家一定可以取得好成绩！蒙古族的同胞们今天都是盛装参加，穿戴得可漂亮了。说起蒙古族服饰，还真是一门艺术，一起来欣赏欣赏。

师：蒙古族服饰包括长袍、腰带、靴子、头饰等，他们不论男女都爱穿长袍。这是各式各样的头饰，这种头饰是用松石、玛瑙、金银等贵重材料制成，价格十分昂贵。腰带的做工也十分精细，上面绣着云朵纹，植物纹等传统图案。用一个字说出你们的感受。（美）朱老师也觉得美极了。

7. 师：这些漂亮的服饰真是赏心悦目。今天，老师也给大家准备了一些蒙古族的服饰，我们一起来装扮自己吧！

（生快速装扮）

8.（师随着音乐边跳边拍手，让装扮好的同学赶紧上台）

师：装扮好的同学赶紧上来，那达慕盛会的舞蹈比赛马上开始了！快点。

师：呵，都变成蒙古族的漂亮姑娘、帅小伙了。

师：谁来和老师摔摔跤？（请1生和老师比画摔跤动作）

师：我们一起来射箭吧！（比画射箭动作）

师：比赛开始了，我们一起跳起来！

（1）表演所学动作。

（2）老师拍手指挥学生围成圆形队。（师作造型指挥，生造型）

9.小结：

同学们，今天的草原之旅，让我们感受到了蒙古族的别样风情。他们的歌美、服饰美、舞蹈更美。是啊，中华民族文化艺术博大精深，让我们满怀激情，不断地去感受、去体验，好吗？

## 做一个有故事的数学教师

数学是一门以抽象思维为主的学科，而对于形象思维占优势的小学生来说，学起数学来普遍感到枯燥乏味和难以理解。如何在这两者之间搭建一座桥梁呢？于是我想到了故事，在我们的现实生活中有许多精彩的经典故事，妙趣横生、耐人寻味。其中，有些故事本身也蕴含着丰富的数学思想内涵。如果教师能把这些故事巧妙地运用在数学课堂上，不仅可以改善课堂气氛，增添学生的学习兴趣，还能够将知识融入故事之中，通过故事展现出知识形成的过程，反映出知识点的本质，借用故事加深学生对知识的理解，让学生体会到数学的作用和魅力，岂不更好。

## 一、讲故事，让数学生动起来

### 1. 故事里，渗透着数学思想方法，学生更易理解

在小学数学新课程标准中，要求教师增强数学思想方法的渗透。而数学思想方法对于小学生来说是无法靠老师去讲解的，只能让学生去体会和感悟。故事却能很好的充当渗透数学思想方法的角色。

在上完新课《长方体的容积》后，我想给学生一道思维拓展题：怎样求一块不规则的石头的体积？如何巧妙地启示学生呢？我想起了“曹冲称象”的故事，它肯定对学生开拓思维有帮助。于是，我讲起了故事：曹操想知道大象的体重，但无法直接去称它，怎么办呢？聪明的曹冲想出一个办法，用石头的重量代替大象的体重。这个故事给我们一个启发：某些数学问题若直接解答有困难，可以把原有的条件或问题用等价的量去代换，从而找到解题的线索。

讲完故事之后我拿起一块不规则的石头，说：“曹冲太聪明了，小小年纪就能想出这么好的称象方法，实在令人佩服。如果换做是你们，会怎么样呢？现在就考考你们：这块石头想知道它的体积有多大，你们能帮助它吗？”学生们纷纷动脑筋思考起来。这时，一个学生发言：“把这块石头当作大象来称，在一个容器里装一些水，把石头放进去，在水面上升的地方做个记号，捞石头出来，放入大大小小的有规则的长方体或正方体，一直让水面升到做记号的地方。这些长方体或正方体的体积加起来就是这块石头的体积。”我给予肯定，说：“看来，听故事能有所启发，模仿称象的方法来做，不错，还有同学有更好的方

法吗？”另一个学生发言：“在一个长方体容器中装一些水，把这块石头放进去，水面上升的那部分体积其实就是这块石头的体积。只要找出容器的长和宽，以及水面上升的高度，就能算出它的体积来。”我表扬他：“与称象的方法相似，但却能巧妙地灵活运用，有自己独特的见解，太棒了！”我想通过这个故事，学生们就感悟到了一种叫等量代换的数学思想。

2. 故事里，蕴含复杂的思维过程，学生乐于探究

生动有趣的故事，除了吸引学生思考，训练学生的思维，对指导学生解题也是大有作用的。有时学生只要想着故事，就能自觉地找到解题的方法，因为故事就是知识的原型。“曹冲称象”“国王搬砖”等故事，学生只要做相应的题目时，都会想到它们，这应该是我们常说的“数学建模”。

例如我在上《正比例的应用》这一课时，就适时引进于振善教授的故事，让学生感受模型功能的现实意义。于振善，他原本是一个乡村小木匠，后来因为善于研究数学，成了南开大学的教授。他用比例的方法比较精确地算出了地图的面积。把中国地图贴在一块密度均匀的木板上，锯下其他部分，然后称出地图的重量，但称出地图的重量如何求出地图的面积呢？当我的问题一出，马上有位学生脱口而出：称出一平方分米地图木板的重量与于振善称出一平方厘米模板的重量方法几乎一致，在这个故事中学生实实在在地建立了模型，发展了自己的模型思想，所以，学生能够主动建立起数学与生活的联系，抓住数学的实质。

### 3. 故事里，体现了数学的价值，使学生爱上数学

苏霍姆林斯基说：“兴趣的源泉在于运用知识，在于体会到智慧能统率事实和现象。”这才是“人的内心里最根深蒂固的需要”。在数学课堂上，植入一些运用数学的故事，让学生感受到数学的魅力。

一次课堂中，我出了这样一道题：有 16 人参加象棋冠军争夺赛，采用负一场就退出比赛的单淘汰制，为了决出冠军 1 人，共要比赛多少场？多数学生都按一般的思路解答：因为两人比赛一场，每场淘汰 1 人，所以第一轮应比 16 ÷ 2=8（场），第二轮应比 8 ÷ 2=4（场）……最后冠军决赛 2 ÷ 2=1（场），所以共应比赛 8+4+2+1=15（场）。我充分肯定这种做法，但是有没有更好的解题方法呢？于是我给学生们讲解了一下“司马光砸缸”的故事，按照常规的救人方法是让“人离开水”，但是由于缸高、人矮、力气小，在场的小朋友没有人能做得到，司马光急中生智，反常规而行，砸破水缸，让“水离开人”，落水的小伙伴得救了。这个故事启发我们：有些数学问题，如果从正面入手按习惯思维找不到解题的突破口时，不妨变换思考的角度，从反面入手进行思考，往往就会收到意想不到的效果。这时，一个学生反应过来了：“哦，我想到了，要决出冠军也就是 16 人参赛，最后只剩下 1 人。”听了他的提示，好多学生纷纷列出算式：16–1=15（场）。不用说，第二种方法太好了，不仅简单，而且构思巧妙、思维独特。这样训练，既培养了学生的创新意识，又发展了学生的多向思维。

## 二、奖故事，激励学生

奖励对于每一位学生来说，都是很期望的。但在家家物质极其丰富的今天，物质上的奖励对于学生来说难以获得好的激励效果。我们如果能投其所好地对他们进行精神奖励，将会起到四两拨千斤的作用。如奖励他们最爱听的故事就能极大地激发学生的学习兴趣，对学生提高学习的自信心、学习态度和学习习惯的养成都有积极的意义。

我曾经奖励给学生一个侯宝林与数学家华罗庚的故事。很多年后，在一次师生聚会上，一个学生竟分毫不差地给我复述了这个故事：一天两位大师饮酒聊天，你言我语甚是开心之时，侯宝林问华罗庚："2+3 在什么情况下等于 4 ？"华罗庚一时竟无法理解，正当他陷入思考时，侯宝林说："只要数学家喝醉了，问题不就解决了吗？"华罗庚禁不住哈哈大笑道："好一个幽默大师，竟然拿我取乐……"他又对侯宝林说："我麻烦您到街上买一斤橘汁，外带一包炒米花。一斤橘汁四角四分钱，我这里只给您四角四分，贵了我不买，少了我不依！"侯宝林接受任务后，很快就回来了，他把一斤橘汁和一包炒米花交给了华罗庚。侯宝林是怎样完成任务的呢？原来侯宝林用四舍五入法走了十家食品店，每家只买一两，打了一斤橘汁，余下四分钱买了一包炒米花。时间虽然过去这么久，当时这些学生也还小，可如今他们还能记忆犹新，从这里我们可以看出这种故事奖励对于学生具有影响和激励作用。

## 三、创编“故事”，将数学延伸……

创编数学故事可以让学生走进生活，让学生感悟数学是现实的、是有用的，增强学生学习数学的兴趣。在教育由研究教师的“教”转向研究学生的“学”的今天，它还是学生收集、处理和提取信息，运用有关知识来解决实际问题的重要组成部分，是学生数学发展的一个重要环节。当然写数学故事不是让学生记流水账，也不需要很高的文学水平，关键是要学生学会一种数学发现、数学思考、数学方法。

下面是我班一位叫郭强的学生创编的数学故事，题目叫《一字之差》，文字虽然稚嫩，但体现了他自己对数学的一种感悟。“今天，老师上课的时候出了道数学题。题目是：一堆煤 120 吨，用了 2/5，还剩多少吨？这个题目一出，同学们都举起了小手，希望老师点中他，可老师点的是我。我回答说：‘120 ×（1−2/5）。’第二次就没那么简单了。老师把 2/5 改成 2/5 吨。这样意思就全变了。但是，有的同学没看见，上当了，说是：‘120 ×（1−2/5）。’他刚说完，许多同学都笑了，那个同学还不知道是怎么回事。他不知道大家为什么笑，后来老师让他自己念了一遍题目，他才明白，原来是没看清那个‘吨’字！所以我们以后做题要看清题目，不要拿起来就做，要多读题。刚才那两道题真是‘一字之差’，差之千里。”

总之，学生有不爱学习的，但没有不爱听故事的。做一个有故事的老师，让学生因为喜欢故事，而喜欢我的课堂、喜欢数学。

## “导”出一片新天地

第斯多惠说过：“教学的艺术不在于传授的本领，而在于善于激励、唤醒、鼓舞。”因此创建高效课堂，关键在于发挥学生的主体性，教师的责任主要在于引导点拨，要树立充分信任学生的思想，变“经师”为“人师”，变“讲师”为“导师”。“教”必须致力于“导”，服务于“学”。

### 激趣引入

俗话说：“万事开头难”，良好的开始是成功的一半，教师创设有趣的、生动的教学情境，能诱发学生强烈的求知欲和正确的学习动机。

创设问题情境，点燃学生思维火花。阿基米德说：“给我一个支点，我可以撬起整个地球。”在数学课堂教学中，创设合理的问题情境，就像撬起整个地球的支点一样，是整个课堂的基础。思维活动是由学习主体的知识需要、认知冲突引起的。如果没有认知需要，没有认知冲突，也就不会产生由认知需要和认知冲突引起的认知思维活动。而合理、恰当的问题情境，可以引发学生对已有知识、经验的共鸣或冲突，让学生产生亲切感和发自内心的学习需求，从而有效地激活学生的认知状态、思维状态，点燃学生思维的火花，形成主体主动参与学习情境，达到良好的思维水平，有效地习得知识和经验。

例如：在负数的教学中，为了引入负数，创设如下的问题情境：从 2-1=1，思考 1-2=？不够减，自然地引起了学生的认知冲突，激发了学生求知的欲望，点燃了学生思维的火花。

在实际的教学中，创设问题情境的方法还有很多，诸如，操作实验、开门见山、数学美感、练习求变等，都有利于激发学生的认知兴趣、惊讶、好奇、疑虑，形成认知冲突，引发学生思维，激起对新知的渴求和思考，构建起鲜活的、富有灵性的灵动思维。

激发学生最好的问题情境来源于生活，因此提炼生活问题为数学问题是数学老师的必备能力。现实生活中的问题总是处于自然状态。教师应该增强学生的数学意识，指导学生学会从数学的角度去观察，去思考，去提炼方法和技能。变生活问题为数学问题，为我们学习所用。这种方式的学习中，问题来自生活，容易激发学生探究学习的欲望。

## 活动进入

皮亚杰认为："对于儿童来说，逻辑数理知识的获得，不是从客体本身得到的，而是通过与材料的相互作用发现和从自身内部构建数学关系的。"这就告诉我们儿童学习数学的方式不可能仅仅通过教师的"教"就能获得那些抽象的数学知识，更重要的还是他们自己的"学"，也就是在教师提供数学操作材料的前提下去操作、摆弄那些材料，从而去理解老师教的数学知识，把它们转化成为自己的认知经验。因此教师在提出数学问题，激发出学生强烈求知欲望的同时，让他们自己通过数学活动去探究就尤为重要。

记得在一次教授镶嵌知识时，我给孩子们提供了许多圆形、正方形、三角形等，让他们设法镶嵌成没有空隙的一块。可是那些孩子一开始就拿着图形乱拼，拼不进就找另一块拼，他们这样胡乱地拼，成功的概率非常低。发现这种情况后，我并没有马上指出学生的错误，而是请学生大胆尝试、不断思考、得出经验，随着较长时间的实践和思考后，学生们得出要拼好没有空隙的一块，首先需要观察图形的形状、大小，关键是图形每个内角的度数，再找合适的拼进去。这就是学生通过不断实践、不断反思而得出的正确方法。

当然不是所有的数学知识都要让学生活动，教师在教学中进行直观化教学同样是一种数学活动。心理学研究表明：小学儿童的思维形式是以具体形象思维为主的，而这种形象思维必须借助客观事物的表象而产生。数学家华罗庚曾说过："数缺形时少直观，形少数时难入微。"指出了数形结合的重要性。《数学教学大纲》（修订本）指出：

"根据小学生的心理发展和认识规律，小学数学教学要重视直观演示和动手操作，发挥各种教学手段的辅助作用，由具体到抽象，由感性到理性，以利于学生理解数学知识。"具体方法很多，例如学具操作、图解、举例及语言直观等。根据学习内容的特点，选择恰当的方法将会很好地促进对学习内容的理解，突破抽象。如教学"减法的简便计算"时，学生对"375-198=375-200+2"理解困难，而且是每次教学内容时的难点。尽管老师千万次地问："多减了要怎么办？"但学生仍然回答："375-200-2"。如何让学生深刻理解这一算法，我们设计了付款活动：妈妈带了 375 元钱购买了 198 元的物品，还剩多少元？请帮妈妈付款。学生对这一难点的突破立竿见影。

## 点拨介入

在学生开展数学活动中，当学生思维受阻或思维发生偏差时，教师指点迷津、拨开疑云、疏通障碍，使学生疑难顿解、思维顿开，变"难学"为"易学"，并在化难为易中发展学生的思维能力。

教师的点拨指导应包括学法指导和认识策略指导两个方面。学法指导就是使学生掌握科学有效的学习方法和养成良好的学习习惯；认知策略指导，就是使学生掌握获取新知、解决问题的思维方法和心智技能，变知识为能力。

好的点拨体现在教师的精心设计上。教师应当做到：在重点练习题的解题依据处设问；在解题错误的错处找原因设问；在提示知识内在联系，探求知识规律处设问；在易混知识处设问；启发学生如何综合运用新旧知识；引导学生进行思维转折；在各个环节的衔接处做到承上启下。

有效的点拨还体现在教师让学生增强体验，形成观念。许多抽象的数学概念需要让学生在充分体验的基础上逐步形成。譬如一些计量单位、时间观念的建立，例如，我教“秒的认识”时，首先引导学生看钟面，在钟面上找到走得最快的指针——秒针，然后通过看秒针走动，听秒针走动的声音等方式初步感知“1 秒”，接着同时观察分针和秒针走动，发现“1 分＝ 60 秒”。最后，通过多种形式的活动让学生脱离钟面的辅助作用进行实践，体验秒的实际意义，体验 1 秒、几秒、十几秒的时间到底有多长。如：

跟随“眼保健操”的音乐做眼保健操。（体验 1 拍就是 1 秒）

闭眼数出 60 秒。（三次）

估测“穿好一件外衣”“跳绳 20 次”各用多少秒?

这样，“秒”这个看不见、摸不着的生活知识就以“眼保健操音乐 1 拍”等生活现象印刻在学生的记忆里。学生感受到的不是抽象的“秒”这个词，而是鲜活的事实。

## 变式深入

教师根据教材的知识特点和学生的认识水平，恰当地把教材划分为层层递进的若干问题层次，引发学生主动去探索、研究，得出结论、总结规律、获得“真知”，变被动接受为主动获取。

改编或补充例题。例题仅是许多例子中的一个，当例题素材比较抽象时，应适当变换，提供符合小学生心理特点的形象化的材料；当例题数量不足时，应适当增加材料。例如，“圆锥体积计算”。教材在计算公式的推导上，通常采用一个例子：找一个与圆锥等底等高的空圆柱，通过倒水或倒沙的实验，得出圆锥体积计算的结论。一个例子，学生信服吗？为什么就只找一个等底等高的圆柱？况且实验过程中，绝大多数的学生只是看着老师完成演示。他们缺乏体验，这样的结论是否太特殊了？倘若有学生问，这一结论适用于其他圆锥吗？我们将如何应答？我们课前不妨准备多组圆柱和圆锥，然后引导学生去讨论、选择、实验、探索，通过多种结果说明道理。

设计开放性问题。开放性问题的设计，也是丰富学习材料的一种形式。学生通过条件性开放题、结论性开放题或策略性开放题，或从同一层面提出不同的问题，或采用不同的方法解决问题，从而形成丰富的学习材料，再在此基础上进行引导，有利于突破数学的抽象性，使数学知识的形成更具有说服力。例如“分数的初步认识”教学中，我们让学生用不同形状的纸片，用自己的方式表示出 1/2。在开放的、具有挑战性的又联系实际的问题情境中，学生的兴趣更高、思维更活跃。在呈现出的多姿多彩的表示方式中，学生感受到分数的内涵，感受到在不同材料中用同一个分数来表示的本质意义。同时，也感受到数学的魅力。

## 拓展出入

数学知识本身具有抽象性，学生掌握数学知识还需要一定的内化过程。数学模型的建立还有一个“解释与运用”的过程。因此教师应该创设一定的时空，让学生通过扩展练习，在实践中对数学知识进行解释与应用，进一步理解数学模型，促进内化。

对获取结论的过程进行反思。在经历探究过程，形成积极的体验，得出结论之后，如果我们引领学生对学习的过程进行反思，将有效地促进学生对知识形成过程的了解，促进学生对学习方法的认识。如教学“商不变性质”后，我们与学生共同总结本节课的学习，主要探讨以下问题：我们学习了什么？运用“商不变性质”要注意什么？我们是怎样研究“商不变性质”的？你印象最深的是什么？在课后你将会去研究什么问题？

在运用过程中反思数学模型。现在的数学课程强调了经验材料的数学组织和数学应用。没有应用的数学知识是空洞的，是缺乏数学价值的。没有应用的过程，学生的学习将是不扎实的，学生对抽象知识的理解是不够充分的。而缺乏反思的运用过程，学生的认识是肤浅的。如教学“圆的周长和面积”后，笔者设计了下面应用环节：测量一筒卷纸的长度和一棵大树底部的直径。

把数学活动渗透到每日的生活中。我们身边的数学几乎无处不在，而生活中的数学是形象又实在的，是更好地让学生了解数学真实意义非常好的情境和教材。我们教师不仅在课堂上要提高幼儿数学能力，在生活中更是如此。这样才能内化那些抽象的数学知识。而事实上把数学教学生活化并不是那么容易的事情，也要在事先做好充分的准备，对儿童生活中喜欢的游戏、经常接触到的事物等内容进行活动设计。例如，学生平时在玩“石头剪刀布”时，你要让他体会概率的知识与思想，还如组织学生玩“小超市”游戏时通过纸币不断买卖东西或打折降价，可以让学生体会纸币与数学、数量之间的关系。

由此可见，教师的引导是课堂深度学习的核心。教师必须充分发挥在课堂教学中的引导作用。是组织者，就不能“放羊”；是启发者，就不能“填鸭”；是点拨者，就不能“代庖”；是传授者，就不能“缄默”。教师在课堂教学过程中只有引导得当、得法、得理，才会使学生学习起来觉得轻松快乐，才能使学生产生浓厚的学习兴趣，进一步激发探讨问题的欲望，这样我们的课堂才是高效的。

# “学”出一片艳阳天

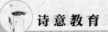

学生是学习活动的主人。学生的认知结构和良好的心理品质都不是完全靠他人的传授给予的，而是主要靠自己积极主动地构建培育的。因此，高效课堂中应有两条线，一条是明线，另一条是暗线，明线就是以学生为主体的学的活动，每一个环节都是学生在学和练；暗线就是每一步都有教师在指导、引导，都离不开教师的指导。一个充满生发力的课堂必须保证学生有充分的时间进行有效的参与，让学生由被动地接受变为主动的建构，最终真正成为课堂学习的主人。

## 发现问题　自主尝试

创新始于问题，始于理论或实践的问题。在教学实践过程中，在课堂上通过问题化的教学情境，激发学生主动、创造性地解决问题或探究问题的热情，使整个教学呈现为不同程度的学生在同一个时空里形成再发明、再创造的心理场，教为学服务在这里体现为探究服务、教为创新服务。让学生带着问题进课堂，在创造性地解决问题之后，启发出新的问题，让学生带着问题出课堂。

因此在进入课堂之初，教师诱导学生发现并提出问题，这是培养学生高效学习的基础。比如，一年级的“十以内加减法”这节课，陈老师利用多媒体展示小狐狸的生活图：树上三只小狐狸在追赶，树下有两只小狐狸在观看。老师说：“请同学们仔细观察这幅图后提出数学问题。”一二分钟后，几乎没有学生响应。老师机灵地打开话题，接着说：“请同学们把你看到的、想到的记在心里，不要说出来，先考考别的同学，看看他们看到的、想到的是否与你一样。”结果学生为了考别的同学，提出了不少问题。虽然学生提的问题，多数是生活问题，数学问题不多，但对小学生来说，提问过程本身就是创新意识的基础。

苏霍姆林斯基说：“一个孩子，如果从未品尝过学习劳动的欢乐，从未体验过克服困难的骄傲——这是他的不幸。”教师要使学习真正成为学生学习活动中的重要感情经历，使学生拥有主动学习的情感体验，必须在学生发现问题后，尝试让他们自主探究解决。教师要简明扼要地出示学习目标，提出自学要求，进行学前指导，规定自学内容，确定自学时间，要求完成自测题目。学生依据学习问题与学习目标阅读教材，完成课后相关练习和教师安排的练习。教师在这个过程中要勤于巡视、指导和鼓励，要尽可能扩大反馈面，最大限度地了解学生自学所遇到的疑难问题，对学生遇到的疑难问题分清性质、梳理归类，做好“第二次备课”。

此阶段设计的自测题目，一要注意暴露学生学习过程的困难、障碍、错误和疑问；二要注意寻找学生思维的闪光点，鼓励学生提出创造性见解，增强学生的自我意识和自信心，进一步激发他们的创造性。与此同时，应特别关注学困生，要多给其一些指导和帮助，多设计一些他们经过努力可以解决的问题。

## 合作交流　体验内化

在课堂教学中，开展合作学习有利于师生间、生生间的情感沟通和信息交流，有利于思维的撞击和智慧火花的迸发，能够强化学生主体意识，使学生成为学习活动中的积极参与者。

学生在自主尝试学习知识的基础上，对于检测自学效果的题目，要采取四种方式予以解决。对所有学生在自学后都已懂的问题，原则上不教；对于大部分学生能解答的问题，可以采取互助的方式，即会者教不会者，教师尽可能地调动已经掌握的学生教不会的学生；对于少部分学生能够解答的问题，应采取以班级为单位教学，即全班教。教师设法激发学生积极讨论、各抒己见，达到在相互讨论中掌握知识的目的。对于学生通过以上环节仍然解决不了的疑难问题，应采取导教，即教师引导解决问题。教师通过启发、引导帮助学生解决问题。这个环节教师教的时间依学生疑难多少来定，多则多讲、少则少讲。总体来说，课堂活动的主要形式是：学生独立思考——学生之间讨论——学生交流经验。

如教学“长方形的周长计算”时，在学生已掌握了长方形的特征及周长概念的基础上，出示一个长是6厘米、宽是3厘米的长方形。先请学生以小组为单位合作学习，根据自己已有的知识和技能，计算出这个长方形的周长。再让学生对如何求长方形的周长发表自己的见解：① 6+3+6+3=18厘米，② 6+6+3+3=18厘米，③ 6×2+3×2=18厘米，④（6+3）×2=18厘米。最后，组织学生开展讨论交流，取长补短，进行自我反思。不仅使学生归纳出计算长方形周长的公式：长方形的周长 =（长 + 宽）×2。而且在探求知识的过程中，加深了学生对知识的理解，使学生的思维得到了训练和互相启发，提高了语言表达能力、自学能力、分析能力、解决问题能力和团结协作能力。

在教学中让学生开展合作交流，不仅使学生从不同观点和方法中得到了启发，对问题的理解更丰富、更全面，更关键的是促进学生知识的体验与内化，这是合作交流的关键所在。

知识体验内化的第一大途径是动手操作，让学生动起来。课堂上，每一个环节都让学生“做”，自学不单纯看书，边看边动手操作，动眼观察、动口交流，使学生能亲身感悟知识产生和发展的过程。学生做的过程是创新的过程，经历自学过程，得到对知识的自我感悟，这本身就是创新。允许差异，在做的过程中，根据学生自我体验、自我基础，采取不同方法与途径，只要能达到目标就被充分地肯定，这也是创新。学生在做的过程中，不仅学会了知识，更重要的是学会学习、学会应用、学会提高，为可持续发展创造条件。只有学中做、做中学，才能形成自学习惯。学生不但养成良好的自学习惯，也养成了做事的好习惯，不依赖别人，什么事都自己动手操作，养成勤快、爱活动的习惯。

如教学“梯形的面积公式”的推导方法时，先引导学生回顾三角形、平行四边形面积公式的推导方法，接着用亲切、温和的语气对学生讲：今天这节课让大家当小老师，用自己学过的方法推导梯形面积的计算公式，看谁的方法最新颖、独特，有创造性。然后，让学生带着问题：（1）梯形可以转化成已学的什么图形？（2）转化成的新图形与这个梯形的面积、上底、下底、高之间各有什么联系？边思考边动手操作，大胆实践，探索推导梯形面积公式的方法。（见图1）最后在教师的引导下，让学生交流总结，得出结论：无论使用哪一种推导方法，梯形的面积＝（上底＋下底）× 高 ÷2。此时，学生的发散思维和集中思维得到统一，极大提高学生学习的主动性、积极性。

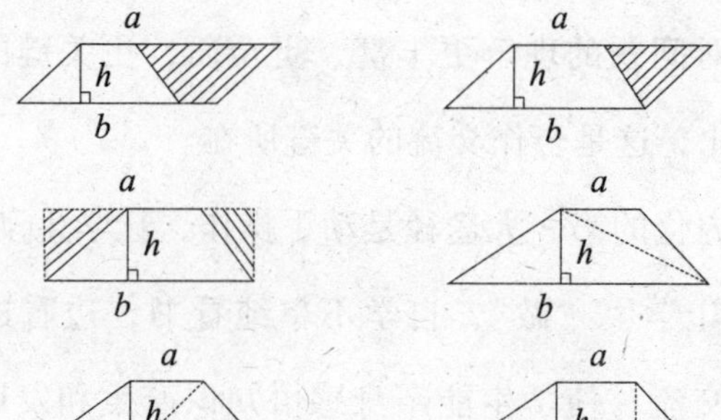


图1 梯形面积公式推导

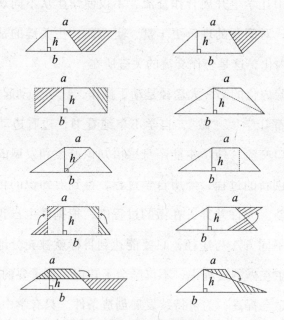

知识体验内化的第二方面是要注意加强操作、思维、语言的有机结合，先从操作中获取大量的感性材料形成表象，在此基础上让学生进行认

真的对比、分析、判断、综合等思维活动，再引导学生把思维的过程或总结概括的结论用简练的语言有层次地、准确地加以表述，既加强了学生的动手操作，又发展了学生的思维能力和语言能力。

## 独立练习 梳理总结

设计练习时，教师要做到目的明确，重点突出，注重实效性，层次分明，讲求实效。适时适当安排游戏、竞赛、开放性等练习，激励不同层次的学生从不同角度积极参与学习，去探索、去获取，巩固和深化知识，并在积极主动参与学习的全过程中满足学生的心理要求，体会到“我能行”的喜悦，促进学生的自主发展。

作业要典型，要围绕课堂教学目标出题，要分层次出题，让不同类型的学生都有不同的提高。可以有必做题、选做题，但并不是将学生人为地划分层次，选择的权利在学生。要求学生当堂必须完成，分层次地完成。教师在学生当堂作业时，勤于巡视督查，批改部分作业。教师要通过巡视，敏锐地观察和了解学生可能出现的不良习惯和表现，并及时提醒纠正，同时要通过现场批改部分作业，及时获得关于这一节课教学情况的反馈，便于课后及时而准确地辅导解难。

在教学中通过练习，学生才能将所获得的知识逐步内化为动作技能和心智技能。在设计练习中，教师给学生的学习材料既要使学生感兴趣，又要做到材料与内容相吻合，还要使学生展开积极思维，同时能在多向参与的过程中，寻找规律、掌握知识。例如在计算图的面积时（见图 2），让学生在已有的知识经验基础上，鼓励学生大胆尝试、放手实践、自主探究，用不同分割、组合求其面积。接着，经过观察、协作学习、总结和概括，分析确认问题实质是求组合图形面积。主要解法如图 2 所示。学生自己设计、自己尝试、自己总结，不同的思路进行碰撞，尽显了学生的潜能，体验了解决问题策略的多样性、灵活性、合理性。满足了每一个学生的学习需要，启迪了思维，学会合作与交流，使学生真正成了学习的主人。

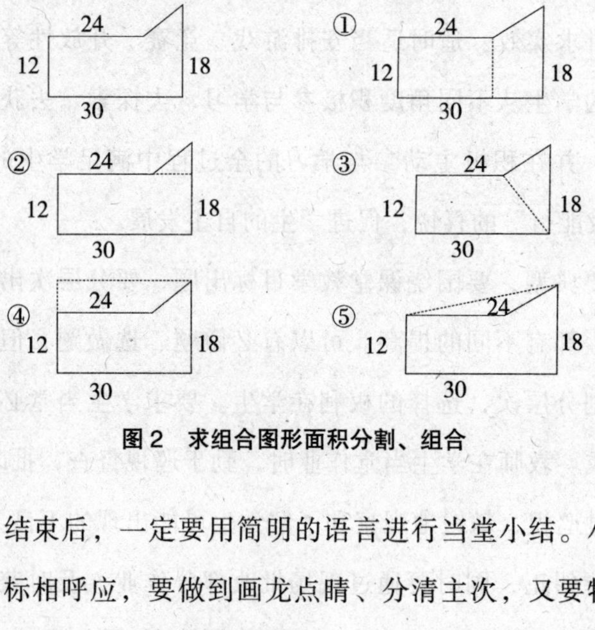


**图 2　求组合图形面积分割、组合**

在练习结束后，一定要用简明的语言进行当堂小结。小结要与课程揭示的目标相呼应，要做到画龙点睛、分清主次，又要特别注意促进学生将本节课所学知识化零为整以达到条理化，如有必要，应适当与以前所学的知识联系起来，以使学生形成善于综合所学知识的意识和能力。同时要继续抓住这一契机，鼓励学生在综合的基础上勇于提出新的见解，进一步培养创新精神。

总之，在高效教学中老师要善于把学习的主动权还给学生，做到书让学生看，思路让学生讲，疑难让学生问，规律让学生找，课内让学生练。要给学生多一些思考的机会，多一些活动的空间，多一些表现的机会，多一些创造的信心，多一些成功的体验。让学生经历一个问题的提出、数据的收集整理、观察、实验、猜想、证明等数学活动过程，最大限度地发挥学生学习的积极性、自主性、创造性，使其在自主学习活动中获得自主发展。

## 灵动的作业设计　灿然的作业批改

一直以来，我们学生的作业内容从哪里来，归纳起来，主要有两种途径：一是备课手册，二是各种教辅资料。当然，不是说备课手册和教辅资料上的题型不好，题的质量有问题，但那毕竟是别人的。有些东西可以借鉴，但不能完全照搬。我自己也经常借鉴其中的部分精华，让学生练习。我常常想，除借鉴和照搬外，我们老师是不是也该为作业的设计动点脑子、出点力了。至于作业的批改，我们同样不能小觑，一样得花心思。

### 一、作业的设计要体现一个"灵"字

1. 作业设计的时间灵活了，学生就可以伸缩自如。大家都见过乌龟和甲鱼把脑袋从壳里探出头和缩进壳的情景吧，那一刹那它们是那

样的小心翼翼但却伸缩自如。动物尚且如此，何况我们的孩子呢？同样，我们的学生每天要小心翼翼地面对老师布置的作业，他们也有压力，也有不甘。为了把这种压力和不甘变成动力和心甘，在作业设计的时间上我做了一些尝试：我把作业分为三个时间段：短期作业、中期作业和长期作业。短期作业（每天的家庭作业）不超过半小时，多余的时间干吗？两个字——读书。试想，如果我们老师每天布置的作业像长江的水一样绵延不绝，孩子乐于做吗？如果不乐于去做，还不如不做。所以我觉得短期作业时间不要太长，不要让孩子厌恶去做作业，而是心甘情愿地去做，做完作业做他们喜欢做的事——看书，一举两得！中期作业（周期作业）布置及时，主题鲜明。每个星期一的早上，我会把一项周期作业布置下去。比如，我在教第一单元（五年级上册）时，我布置给学生的周期作业是：读一本好书，在读书笔记本上写出书名、作者姓名、内容梗概、我的感受。因为这一单元的主题是“我爱读书”。第二单元主题是表达思乡之情，于是我布置的周期作业是：让学生收集有关思乡的诗句或者是诗歌（台湾著名的诗人、散文家余光中先生写的现代诗《乡愁》）并加以背诵。长期作业（学期作业）更是注重学生的综合素质的培养，使学生对自己一学期的整体提升有一个明确的目标。譬如，这学期我希望每个孩子至少看五本“闲书”，养成爱读书的习惯。当然，这个作业开学初我就会布置下去。尽管我把作业分为三个时间段，但却不会给学生丝毫的压力和反感。

2. 作业设计的类型灵活变通了，学生便可以有章可循。学生毕竟是孩子，叫他去根据一篇课文设计出一些习题，真如飞机上放炮——空响（想）。那么，我们老师如果只是为讲课文而讲课文，那学生所学所得就非常有限了。这时，我们老师该扮演好“引路人”的角色了。于是，我在上新课之前，初步会把作业设计成“三部曲”：课前预习，课中思考，课后巩固、拓展。比如我在讲《窃读记》这篇文章时，是这样设计课前预习的：①初步了解林海音以及她的童年生活；②多读课文，圈出不理解的字词，并根据课文内容质疑。有了课前预习的铺垫，课中思考便应运而生：文章是围绕哪句话来展开的？童年的林海音是怎样品尝窃读的滋味？文章的重点、难点、要点全部渗透到所提的问题中，学生学起来也有兴趣了，因为有些问题就是学生自己提出来的。自己提出的问题通过努力学习找到了解决的办法，让学生品尝到了学习其实也是一件很快乐的事情，多好！有了前两部曲的基础，我设计了这样的课后作业：①观看《城南旧事》这部电影，进一步了解林海音的童年生活。②收集林海音的作品推荐给大家读，进一步了解林海音的作品和人品。当然，这三部曲也不是一成不变的，我会根据学生的学习情况作适当的调整，尽量让学生也参与进来，这样的作业学生更乐于去做。这样一来，孩子们的学习就不会出现无水之源、无本之木的现象了。

3. 作业设计的内容灵动了，学生的思维便打开了。要想把作业的内容设计得合理、有效，富有灵动性，我们老师得深钻教材，得了解学情，得为提高学生的综合素质和培养良好的习惯考虑。为了做好这些，每课的作业设计我都会根据课型、单元主题甚至是某一个知识点来酝酿，绝不会草率行事。譬如，在教《梅花魂》一文时，我就发现文中有两个反问句：①这清白的梅花，是玷污得了的吗？②一枝画梅，有什么稀罕的呢？我觉得这两个句子是学生练习改反问句的好素材，于是，我把它作为课堂练习让学生做。我让两位学生上黑板做，其他学生在下面做。做完以后，进行点拨。不仅如此，我还另出了几道题，既有把反问句改陈述句的练习，又有把陈述句改反问句的练习，让学生真正明白来龙去脉。最后，我和学生总结了三条反问句、陈述句互改的方法，即反问句改陈述句，去疑问词，问号改成句号，原文表达肯定的意思则要改成否定的意思；反之，把陈述句改反问句，前两项相反，后一项相同。并让学生做笔记背诵，学生再做这样的题就不会犯难了，因为他们掌握了做此类题的方法，同时也打开了他们的思维。诸如此类的例子还有很多。再如讲《鲸》这篇课文时，我就渗透了说明文中的四种常用的说明方法，并设计了此类练习的习题，学生也可自己设计。学完此文，我还设计了一个小练笔，以第一人称的写法向大家介绍鲸，大部分学生写得还可以。作业的设计一旦灵动起来，学生的思维便打开了。

## 二、作业的批改要体现一个“细”字

1. 老师批改作业要精耕细作，视学生的作业如一方沃土。学生的作业是什么？是他们思考习题的过程和结果的一种体现，在这个过程中，他们或多或少，或易或难地领略到了解题的辛苦。作为他们的老师，我们应该学会换位思考，尊重他们的劳动，真正地把学生的作业当成一方沃土来精耕细作。首先，我们老师批改作业要及时。如果每次作业批改及时了，学生的内心就会受到触动：这是一位治学严谨的老师，我们做作业时不能马虎，不能存在侥幸的心理。其次，我们老师批改作业时要善于发现。学生的作业常会出现这样或那样的错误，作为老师的我们应该具备孙悟空的火眼金睛，及时发现他们作业中出现的错误，用红笔圈起来或打一个小“？”，切忌打一个大“×”。如果学生经常看到这些红叉叉，会有一种失落感，学习的兴趣就会大打折扣。除此之外，哪怕是学生出现的一个微不足道的错误，我们老师也不能放过，一定要让他们明白错在哪里。最后，我们老师批改作业时要善于鼓励。每每学生看到自己的作业得到了肯定，脸上就会神采飞扬，高兴之情溢于言表；相反，当学生看到自己的作业被否定时，沮丧、失落，甚至麻木也会接踵而至，这样就会造成一种恶性循环。为了避免这种现象的发生，我们老师就要采取各种鼓励的方法。比如，我在改作业时，既有口头表扬，又有语言激励，还有奖励机制，并且经常拿作业做得好的学生的作业本在班上巡回展出。这些看似简单的鼓励方法其实对规范学生的作业，树立学生保质保量完成作业的信心起到了不容置疑的作用。

2. 学生订正作业要心细如发，视作业中的错误为新鲜的血液。当老师批改完学生的作业并圈出错误后，如发现只是个别学生出现了错误，我们老师可以与学生当面分析错误的原因，让其订正；如果发现大部分同学某个知识点出现了错误，时间又不允许的情况下，老师可以把学生做错的题目写到黑板上，与大家一起分析错误的原因，然后再让学生订正。我觉得这样做是很有必要的，既然这么多学生做错了，说明它就不是普通的错误，具有代表性，同时也说明我们老师在讲这些内容的时候没有把它讲透，学生一知半解。分析好了作业中的错误原因，学生就可以坦然地去订正了。不过这个时候，我们老师还要提醒学生认真修改作业中的错误，尽量不要重蹈覆辙。我经常会发现学生写错的字或做错的题改了以后还错，真可以说是屡改屡错，让人费解！这足以说明有些学生在订正错题的时候没有引起足够的重视，所以我要求学生订正作业时要做到心细如发，视作业中的错误为新鲜的血液，健康自己的人生。

3. 积累作业错题要巨细无遗，视作业中的错题为无价之宝。作为老师，我们应该清醒地认识到，学生作业中出现的错误其实是一笔财富。它可以见证学生学习中的得与失，所以不论是大错误还是小错误都应该把它们很好地积累起来，作为日后复习、提高、总结的宝贵素材。另外，我们更应该让学生明白，养成积累错题、订正错题的习惯是难能可贵的，要让这种好的传统发扬光大。不积跬步，无以至千里；不积小流，无以成江海。孩子一旦养成积累知识的习惯，特别是积累了在学习中遇到的困惑和错误，这将是他们人生道路上真正获得的无价之宝。

总之，老师设计的作业好比是我们人体所需的“蔬菜”“水果”“五谷杂粮”，新鲜而又灵动，这些营养学生都要吸收。只有这样，他们才可以健康、快乐地成长。老师批改的作业灿然如一块明镜，永远让学生心里敞亮！

# 数学教学改革要在传承中创新

## 一、背景

近十多年来，我国少数自认为是教育改革家的人，把我国的几十年来的基础教育说得一文不值（比如，把我国的基础教育“打零分”等），甚至把我国没有出现诺贝尔奖获得者也怪罪于基础教育。不断地要求我们的广大教师要转变教育观念，对我国自己传统的教学方法褒少贬多，往往一说“传统的中国教育”（“传统”的教学理念、“传统”的教学方法、“传统”的教学内容等似乎都是落后的）就将其打入十八层地狱，代之以国外的中小学教学方法是如何先进之类的种种褒扬，把杜威的实用主义教育学说奉为当今我国课程改革的理论基础；具有唯心主义倾向的建构主义学说被当作“绝对真理”，我国的“传道、授业、解惑”的经典名言不见了。完全否定我国基础教育的优良传统，于是就认为课堂改革的理论基础是杜威的实用主义理论、后现代知识观、建构主义理论以及多元智能理论，把我国的教育实践禁锢在西方教育话语体系之中。近几年来，更有甚者，提出“砸掉讲台”“知识不是力量”“教室改为学室”等十分响亮而又十分荒唐的口号，从而打造出了种种所谓的“先进教学模式”。

## 二、我国传统数学教学的优势

先来看看，2007 年《文汇报》的一则短评：好的就是传统的。之所以能称之为传统，是因为它能传，一传百年、千年。还有因为能“统”，统是高度、统是标杆，以致高不可攀。之所以称为传统，是因为有益、有效，符合国情、顺乎民心，所以能流行至今。

我国的基础教育理论、教育经验，并非像少数人说的那样落后、没有价值。相反重视基础知识和基础技能是我国基础教育的重要特色之一。而“双基教学”的成就非一日之功，它是我国基础教育几十年如一日坚持不懈的结果。具体表现为通过富于严密逻辑的教材、良好教学节奏以及科学的教学方法来对学生进行系统的学科知识传授，并重视对学生的学业领域中问题解决技能的训练，从而以最短的时间和最高的效率，使学生的基础知识和基础技能达到较高的水平。可以说，我国的基础教育在世界上是一流的，基础教育的课堂教学既有科学性，又具有先进性，更有实用性。比如，在我国近代的基础教育中，也培养出了一大批像华罗庚、陈景润、苏步青、王元、谷超豪等许多享誉世界的著名数学家。诺贝尔奖获得者杨振宁院士，虽然是到美国攻读的博士学位，但他是在中国读完了小学、中学、大学，直到硕士研究生。在谈到我国的基础教育时，他认为自己的成就得益于中国系统的基础教育和在西南联大读书时形成的扎实基础，并多次强调，中国的基础教育水平不比美国人差，甚至要多出很多。

## 三、西方数学教学的弊端

我国著名数学家陈建功在《二十世纪的数学教育》(《中国数学杂志》，1952 年）中，对 20 世纪初的美国数学教育曾经有如下的评论，我们可以断言：美国数学教育的特色，是在培养“小市民性”。美国的数学教科书，是富于小市民的实用性和学习心理的色彩。所以美国没有一本数学教科书是数学专门的人写的，署名大多是教育工作者或是心理学者。

按照杜威的“教育即生活”的理念，只要是不能和社会生活相联系的数学内容，就可以不学。幸好 1911—1949 年间的我国数学教育，由数学家出身的数学教育家，如傅种孙等发挥了主导作用，才使我国的基础教育，没有受到美国的“消费者数学”的教育观太多的影响，并一直保持了我国自己的教育特色。以后，又有华罗庚、苏步青、关肇直等著名数学家直接参与中小学数学教育的改革与建设，才使我国的基础教育取得了巨大的成就，并一直传承到现在。

## 四、数学课堂教学改革的方向

课堂教学改革，借鉴国外的教育理论或外地的教育经验是可以的，但不能盲从或拿来就用，我们主要还是要立足本土，重视我国自己的教育理论、教学实际和实践。要先分析别人哪些东西能为我所用，哪些不符合我们学校的教学实际情况，然后，再制定出符合我们自己的、合理的、科学的教学模式，达到真正能提高教学质量的目的。比如，我国基础教育教学的传统中，其“双基教学”（现在课程标准发展为“四基”）对发展学生的思维，推动我国基础教育的发展起到了有效促进的作用；其消极的一面在于对学生培养个性品质、发展创造力方面，产生了某些阻滞制约的影响。反思、分析和总结我国基础教育教学的特点，对坚持和弘扬中华文化的优秀传统，改进我国基础教育教学的陈旧习俗，改变我国教学研究基本停留在经验总结层面的教育研究现状，形成具有我国特色的教育理论体系，具有积极的促进作用。

综上所述，现在基础教育的课堂教学改革，不能全盘否定我国基础教育的优良传统，不要刻意和传统对着干、走极端，可以批判传统中的糟粕，但要保护、坚持、丰富和发扬我们自己教育的优良传统。

## 优化课堂教学设计，培养数学思维品质

随着新课程改革的进一步深入，新课程所倡导的基本理念已逐渐为广大师生所接受，当然在这一过程中，难免会出现一些迷茫和困惑。新的东西不敢尝试，旧的东西舍不得；讲的东西怕不透，问题情景过于肤浅；等等。看上去“充实”“热闹”的课堂，却少了思维的碰撞。荷兰著名学者费赖登塔尔说：“学习数学的唯一正确的方法是实行‘再创造’。”而进行“再创造”的前提是学生应具有一定的创新精神、创造能力。这就要求教师要注重培养学生的思辨能力，在课堂教学中，教师要带着求新的思维去教，学生要带着求异的思维去学，让课堂成为思辨的课堂，成为思维的课堂。“数学是思维的体操”，则数学课堂应是发展学生思维、彰显学生智慧、提升学生能力的大舞台。作为教师，应着力构建立体、多维、交错的思维态势，让课堂成为活生生的灵动“思维场”。

1. 问题情境，点燃学生思维火花

阿基米德说过，“给我一个支点，我可以撬起整个地球”。在数学课堂教学中，创设合理的问题情境，就像撬起整个地球的支点一样，是整个课堂的基础。思维活动是由学习主体的知识需要、认知冲突引起的。如果没有认知需要，没有认知冲突，也就不会产生由认知需要和认知冲突引起的认知思维活动。而合理、恰当的问题情境，可以引发学生对已有知识、经验的共鸣或冲突，让学生产生亲切感和发自内心的学习需求，从而有效地激活学生的认知状态、思维状态，点燃学生思维的火花，形成主体主动参与学习情境，达到良好的思维水平，有效地习得知识和经验。

教学中，如图 1 所示可直观地体现问题情境对学生思维建构的独到功能。

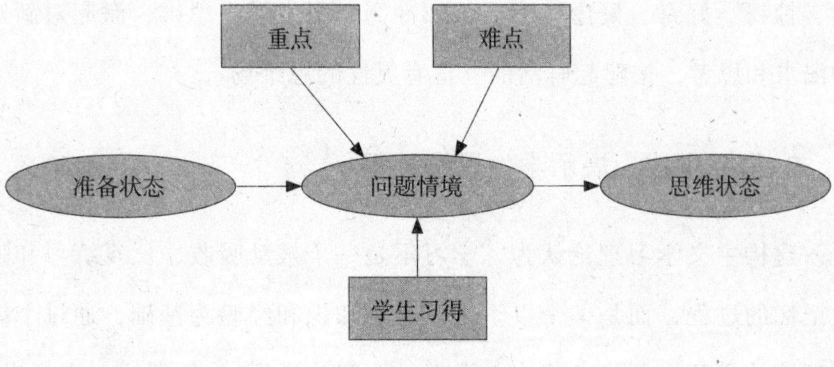


**图 1　学生思维建构**

例如：在负数的教学中，为了引入负数，创设如下的问题情境：从 2−1=1，思考 1−2=？不够减，自然地引起了学生的认知冲突，激发了学生求知的欲望，点燃了学生思维的火花。

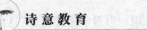

又如，在《正比例的应用》的教学中创设的问题情境：古时候，有一个国王想算出本国地图的面积，可这个国家的地图是一个不规则图形，于是他只好在全国范围内有奖征集答案，有一天，一个小木匠对国王说："给我一杠秤，我能称出地图的面积。"同学们，你们知道小木匠是怎样称出地图的面积吗？学习了本节课之后大家自然就明白了。揭示课题：正比例的应用。同学们一脸的疑惑，怀着迫切的学习欲望跟着老师走进《正比例的应用》课堂。

此问题情境的创设，增加了趣味性，满足了学生的好奇心，同时也很好地激发了学生的学习热情，学生的思维变得主动而积极，处于高质量水平，学生的学习效率事半功倍。

在实际的教学中，创设问题情境的方法还有很多，诸如，操作实验、开门见山、数学美感、练习求变等，都有利于激发学生的认知兴趣、惊讶、好奇、疑虑，形成认知冲突，引发学生思维，激起对新知的渴求和思考，构建起鲜活的、富有灵性的思维场。

2. 探究生成，展示学生思维过程

建构主义学习理论认为，学习不是一个被动吸收、反复练习和强化记忆的过程，而是一个以学生已有的知识和经验为基础，通过个体与环境的相互作用主动建构、发现、探究的过程。《新课标》也指出：课堂教学的有效性首先取决于学生对知识生成过程的体验。在数学课堂教学中，有效揭示数学知识的发生、发展和形成过程以及知识之间的内在联系，能引导学生展开积极的智力活动，调动和培养学生思维的自主性、深刻性和创造性，获取数学的基本思想和方法，将数学知识内化为数学认知结构，为“思维场”的建构提供源源不断的动力。

“探究生成”是新课程倡导的一种重要的教学理念，是一种“重过程而非结论、重关系而非实体、重创造而非预定、重个性差异而反中心和同一”的知识动态的形成过程。在教学中，教师应激发学生主动参与的意识，挖掘学生的潜能，创设主动参与的条件，营造平等和谐的氛围，留足思维的空间，引导学生展开深度探究，充分暴露知识的动态生成过程，展示思维细节，从而构建起具有“动态韵味”的思维场。

例如：运算定律，难点众多。首先是乘法分配律，分配律是数学中一种重要的方法，它的应用非常广泛，但要真正理解其知识的本质，的确有一定的困难。为了突破难点，充分暴露知识的发生、形成过程，引导学生思维，实践中可按如下设计步骤展开教学：

第一步：简便计算：$5\times19+81\times5$；$0.5\times1.9+81\times5$；$45\times51-45$。

第二步：分析、比较以上三个题的解题过程，明确乘法分配律与相同因数的密切联系。

第三步：仿照以上三个特例，写几个应用乘法分配律的简算题目，并说明什么时候应用乘法分配律能达到简算的目的。

实践证明，此设计突出了知识的生成过程，符合学生的认知特点和规律，容易引起学生的思维冲动，有效促进学生积极思考，主动掌握新知。

在数学课堂教学中，教师应尽量创造更多的机会让学生亲历探究的过程，自己总结出行之有效的认知方法，从而加深对数学的理解和增强学习的兴趣。为了引导学生展开深度探究，进行创造性思维，教师可对探究活动进行变式、深化和拓展，帮助学生构建起多层面、多维度、纵横交错的探究“思维场”，把数学学习活动引向知识的发生、发展和应用的高度。

例如：（1）探究活动

如图 2 所示，直线 $m$ 表示一个燃气管道，在管道 $m$ 两侧有两个村庄 $A$、$B$，要在管道 $m$ 上建一个泵站，分别向两个镇供气，泵站建在什么地方，可使所用的输气管线最短？并说明理由。

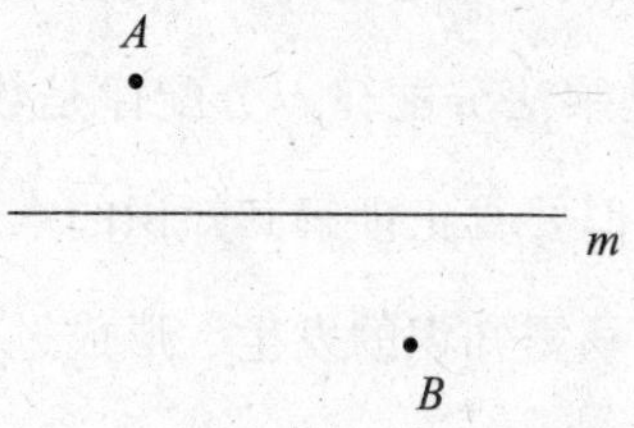


图 2

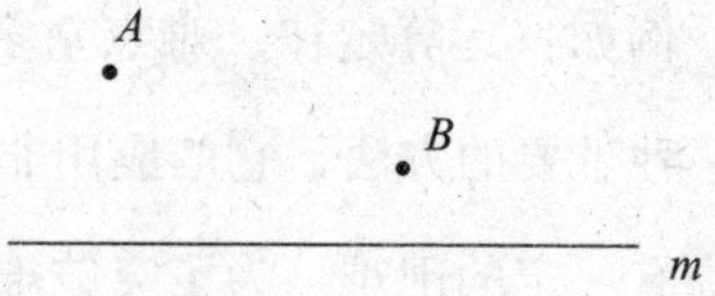


图 3

（2）变式探究

如图 3 所示，直线 $m$ 表示一个燃气管道，在管道 $m$ 一侧有两个村庄 $A$、$B$，要在管道 $m$ 上建一个泵站，分别向两个镇供气，泵站建在什么地方，可使所用的输气管线最短？并说明理由。

（3）深化探究

如图 4 所示，一个港湾停留了 $M$、$N$ 两艘轮船，$M$ 船的船长从 $M$ 处出发，先到 $OA$ 岸，再到 $OB$ 岸，最后到 $N$ 船？问船长如何走使水路距离最短？

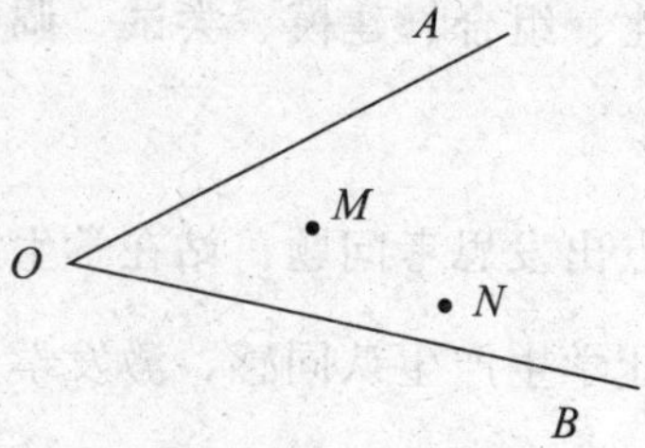


图 4

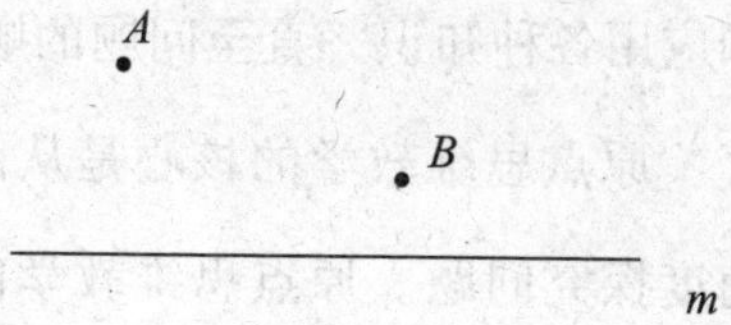


图 5

（4）拓展探究

如图 5 所示，直线 $m$ 的同一侧有两个点 $A$、$B$，要在直线 $m$ 上找一个点 $P$，使这一点 $P$ 到 $A$、$B$ 两个点的距离之差最大？并说明理由。

在本案例中，探究活动的设计，由浅入深，由易到难，从探究引入，到变式探究、深化探究、拓展探究，层层推进、逐步展开，充分“裸露”思维过程，使学生在蕴含探究性的“螺旋、网状”的思维场中，积极思考，主动建构新的认识结构，进一步提高自身认知能力和认知智慧。

3. 多点切入，优化学生思维策略

（1）原点思维教学

原点思维，就是给人或事设定一个原点，时常回到原点进行思考、进行状态对照，纠正偏差，不断向目标前进。利用原点思维能将百思不得其解的问题回归到它的本来面目，找到它的症结点，从而找出问题的答案。在课堂教学实践中，教师从问题的原点出发，当面向学生展开初学者般地对待疑难问题的审题，分析题意，寻找已知与未知的量，探究问题的思路与方法，包括挫折思路等思维过程，引导学生从问题的原点出发，展开联想、回忆、转化、组合、建模、尝试、调整和应用各种知识，直至问题的顺利解决。

原点思维教学的核心是从问题的原点出发思考问题，站在学生的角度探究问题。原点思维教学能较好地让学生产生认同感，激发学生的学习兴趣，符合学生的认知规律，有利于学生纵向思维与横向思维的发展，促进学生“空间思维场”的建构。

（2）解题方法教学

心理学实验证明：认知的发生和发展是通过人的一系列活动来实现的。因此，解题时教师应根据问题的特点，结合学生实际，遵循学生的认知规律，选择不同的解题方法，适时加以点拨引导，要结合题中的情境、信息引导学生进行一些操作活动、思维活动，应用不同知识来剖析数量关系，让其上下沟通、左右交叉，让学生在真实、具体和有趣的操作、思维情境中丰富感知，在身临其境中得到启发，养成良好思维习惯，提高解题能力。

小学数学常用的解题方法有化归法、归纳法、类比法、换元法、配方法等。

这里重点谈谈一题多解在数学解题方法教学中独特作用。

在数学解题方法教学中，通过一题多解的教学，可以培养学生思维的广阔性和深刻性，也可以达到优化学生思维的目的。

一题多解是从不同的角度、不同的方位审视分析同一题中的数量关系，用不同解法求得相同结果的思维过程。教学中适当的一题多解，可以激发学生去发现和去创造的强烈欲望，加深学生对所学知识的深刻理解，拓展解题思路，训练学生对数学思想和数学方法的娴熟运用，锻炼学生思维的广阔性和深刻性、灵活性和独创性，从而培养学生的思维品质，发展学生的观察、想象、探究、思维能力。

现代课堂教学不仅强调教师的教，更强调学生的学；不仅要让学生获取知识，更要培养学生的思辨能力。数学课堂教学中，没有教师独具匠心的思维活动的设计，就不可能有学生认知的冲突、思维的碰撞、智慧的火花。作为现代的教育工作者，我们应扎根课堂、心系学生，潜心构建灵动思维场，着力培养学生的思辨能力，培育新课程下的思辨课堂，精心演绎数学课堂本质，从而促进学生的全面发展，彰显教师的智慧。

# 第三辑　爱，带一片音符向未来

## 信仰，从童话故事开始

学校的“尚美书吧”添置了一批新书，每天中午我都会和孩子们一起泡在书吧里享受惬意的阅读时光。在阅读过程中我发现，神话故事书是最抢手的，于是随机采访了几位不同年级的学生，他们的回答几乎一致：好玩儿。于是我继续问，读了这些神话故事后，有什么感想？“觉得神奇、奇妙、不可思议、回味无穷……”关于神话故事的成语更是张口就来：八仙过海、嫦娥奔月、神笔马良、太公钓鱼……的确，神话故事非常精彩，上天入地、变幻莫测。但透过这些热闹的文字，作为教师的我们还要清楚地了解到这些故事所表现的中心思想到底是什么。只有在透彻地理解后，才能给孩子们清晰地讲解和正确地引领。

美国哈佛大学神学院教授大卫·查普曼，在一场讲座中向台下近千名学生解读中国神话故事，并不下十次用激情的语调总结中国神话故事的内核：中华民族特征。他说：“我们的神话里，火是上帝赐予的；希腊神话里，火是普罗米修斯偷来的；而在中国的神话里，火是他们坚韧不拔摩擦出来的！这就是区别，他们用这样的故事告诫后代，与自然做斗争！面对末日洪水，我们在挪亚方舟里躲避；但中国人的神话里，他们的祖先战胜了洪水，看吧，仍然是斗争，与灾难做斗争（大禹治水）！假如有一座山挡在你的门前，你是选择搬家还是挖隧道？显而易见，搬家是最容易的选择。然而在中国的故事里，他们却把山搬开了（愚公移山）！可惜，这样的精神内核，我们的神话里却不存在，我们的神话是听从神的安排。

“每个国家都有太阳神的传说，在部落时代，太阳神有着绝对的权威，纵览所有太阳神的神话，你会发现只有中国人的神话里有敢于挑战太阳神的故事：有一个人因为太阳太热，就去追太阳，想要把太阳摘下来（夸父追日）。当然，最后他累死了……我听到很多人在笑，这太遗憾了，因为你们笑这个人不自量力，正是证明了你们没有挑战困难的意识。但是中国的神话里，人们把他当作英雄来传颂，因为他敢于和看起来难以战胜的力量做斗争。在另一个故事里，他们终于把太阳射下来了（后羿射日），中国人的祖先用这样的故事告诉后代：可以输，但不能屈服。中国人听着这样的神话故事长大，勇于抗争的精神已经成为遗传基因，他们自己意识不到，但会像祖先一样坚强。因此，你们现在再想到中国人倔强的不服输精神，就容易理解了，这是他们的民族屹立至今的原因。”

大卫教授的讲座视频被传到社交网站上后，引起国内外网友热烈讨论。

“一个女孩被大海淹死了，她化作一只鸟复活，想要把海填平……这就是抗争（精卫填海）！

“一个人因为挑战天帝的神威被砍下了头，可他没死，而是挥舞着斧子继续斗争（刑天）！”

不得不说，这位大卫·查普曼教授解读中国神话的角度很新颖，也十分到位。我们经常说：中华民族几千年来是靠着不断与自然、灾难、环境做斗争才延续到现在，但有多少人想到过，中国人这种延续了几千年的斗争精神是如何保持下来的？

每个民族的神话都有自己的烙印，但哪个民族的神话里有我们这么多战天斗地的抗争故事？

老子的“天地不仁，以万物为刍狗”，说的就是要生存就得靠自己，不能靠苍天。这比“神爱世人”听起来残酷，但非常现实。

我们从小听到大，并口口相传给下一代的这些神话故事，体现的绝不仅是故事那么简单。每个文明在初期都是有神论，但唯独我们的文明不畏惧神，也许正因为我们深刻理解老子的那句话，所以我们的祖先从不把生存的希望寄托于神的眷顾，也因此，很多人说中国人没有信仰，但是，没有信仰的民族能存续五千年吗？

实际上，勇于抗争、永不言败，就是我们的民族精神，也是我们的信仰。

## 立足生活德育　着眼学生一生

央视曾播放过一则公益广告：一个小男孩，静静地盯着一位年轻的母亲打来热气腾腾的一盆水，十分虔诚地给白发苍苍的老奶奶泡脚。接着，这名稚嫩的男孩，泼泼荡荡地给刚刚回家的年轻母亲端来了一盆热水，甜甜地叫道："妈妈洗脚！"这一场景不禁使人反思，一个人良好的品行究竟是怎样养成的？这则广告似乎让人明白：优良品行的养成主要依靠从生活实践中领悟、体验与内化。

原中央教科所所长朱小蔓教授打过一个非常恰当的比喻，她认为德育是盐，人不吃盐不行，但也不能单纯吃盐，而必须将盐溶解在各种食物当中吸收；我们在吸收盐的时候，是看不见盐本身的，因为盐已经融入了各种食物之中，却很自然地进入了人的体内。德育也应该如此，它也应该自然而然地融入学生的生活之中。

## 一、用智慧点燃学生的希望

现行的道德教育往往表现为：“说教胜过体验”“单向灌输多于双向沟通”“整体教育超越个体选择”。最后的结果是形式主义掩盖了实际内涵，学生不喜欢，老师深感痛苦。要改变这一现象，我们教育工作者要充分利用学生的生活空间，智慧地从小事上对学生进行道德教育。

重庆工商大学每年给大一新生上一堂“算账课”，让每位学生算算4年大学得花去家里多少钱，平均每个学习日得花掉多少钱，父母亲每天生活费多少钱，学生工作后需要几年才能还清父母亲供养其读大学的支出。其中一位叫韩丹的女生，她每个学习日平均要花掉76.40元；而她的父母亲每天家里开销不足20元，其中买菜5元。这样一对比，韩丹同学失声痛哭、心如刀绞，从此加倍努力学习、节约开支。算账课算出了大学生的感恩之心，算出了大学生对父母亲的爱心，算出了人生的价值，算出了求学的动力。

生活中的每件事、每个细节都有德育的素材，这些生活的素材学生都看得见、摸得着、体验得到。关键是我们教育工作者是否能及时、适时挖掘，让学生感受、反思，从而触动他的情感，引导他的行为。

## 二、用欣赏建立学生的自信

每个人都渴望得到欣赏，尤其是班级里的后进学生，而转化后进学生的途径、方法当然是很多的，但其基本的教育思想，应该充满

“民主、科学和个性”的精神。针对学生的特点，结合后进生的实际情况，我发现严厉的批评和空洞的说教，已经不起丝毫作用了。于是我便采取了一种新的教育方法：手持“放大镜”，放大他们身上的闪光点，以一颗宽容的心去包容他们的过失，与他们交知心朋友，共同探讨班级各种问题。我坚持“三个凡是”：凡是好现象都进行表扬，凡能点名表扬的都点名表扬，凡不能当众表扬的都私下表扬，以此满足每个学生期望教师关注的心理需求。我还利用批改作业、阅读学生周记、撰写操行评语的机会，将我对学生的态度、看法形成文集，巧妙地转达给学生，并融入我对学生最近细微变化的点评，为学生在建立自信的路上树立航标。

生命对生命的赞美才是对学生真正的尊重，从生命的角度关注每个学生的长处，会让学生有一种进步的快乐。如此周而复始，就能形成良性循环，这也是生命成长的良性循环。

## 三、用善良促进学生的成长

在日常教育教学中，我为学生种下的第一颗种子就是“善良”。在生活中时刻做个善良的人，会发现别人的美。2014 年 6 月 10 日，湖北潜江 57 岁的张泽清因征地补偿与村支书有矛盾，上午 9 时许，他携带疑似爆炸物，闯入学校校园，劫持了女老师秦开美和 52 名学生，威胁引爆自制炸弹。

这时，班里一些学生小声哭泣，一些学生也开始劝张泽清不要激动。12 岁的郑雨桐说：“老爷爷，你的心情我们理解。你不要激动。

我的理想是长大了当一名法官，会帮你伸张正义……”

多么温馨和善良的一句话啊，后来劫匪先后放出了52名学生和老师，最后在胁迫留下做人质的镇副书记时被击毙。这次劫持事件能够以如此结束，我想这很大程度上得益于郑雨桐同学的临危不惧和真心开导，这个事件告诉我们，我们的教育真的应该在学生心里播下一颗善良的种子。

## 四、用倾情付出点亮学生心灵

素质教育，首先是充满感情的教育。一个受孩子衷心爱戴的老师，一定是最富有人情味的人，只有爱才能够滋润童心。爱，是教育的前提，而且这种爱应该是真诚的。换句话说，教育者对学生的爱，绝不是为了追求某种教育效果而故作姿态的“平易近人”，而是教育者真诚的人道主义情怀的自然流露。用心灵赢得心灵，不是教育的条件，而是教育本身。当我们自然而然地走进学生的心灵，而他们也乐于主动向我们敞开心扉时，我们的教育之舟便已驶入了成功的港湾。

## 五、用活动引领学生体味成功

活动德育是将校园活动作为德育途径。通过“艺术节”“体育节”“科技节”“我爱我·心理健康教育月”“书香校园读书活动”等常规性的生动活泼的校园活动，进行道德教育和引导，可以培养学生良好的道德品质。对于每个班级来说，也可以通过多种形式的主题班会活动，例如主题班会“爱无垠”“感恩的心”等，培养学生的责任心、羞耻心、爱心以及宽容、诚实、合作、理智、坚强、独立等道德品质，并与社区及家长建立积极的联系，关注并改善学生在日常生活中的道德行为。

当前，我们的社会生活正在以前所未有的速度发生着天翻地覆的变化，社会生活的方方面面无时无刻不在影响着青年一代的心灵。如果当今的学校德育仍然高高位居于让人望而生畏的神坛，必然会与青少年的心理格格不入。学校德育只有走下神坛、降低门槛、关注生活，从大处着眼，从小处着手，我们才能真正走进青少年的精神世界。

## 我的亲情家庭日班级课程

对于小学生来说，寄宿制是一种有缺憾的教育，因为过早地将他们剥离家庭，投入集体生活中，会导致他们亲情的缺失和性格发展上的缺陷。为了弥补这种不足，我利用周末的时间，在自己的班级开展了亲情家庭日班级课程，明、华、梅三人和我组成了亲情家庭，每个周末他们会来到我家，我们在一起度过了很多美好的时光。

### 鹅卵石的烦恼

周末，我带自己的几个小家庭成员到户外去活动，在去江边的路途中，小明捡到了几颗很漂亮的鹅卵石，边走边玩，还没到目的地，他就玩厌烦了，便随手把石头都扔到了草丛中。同行的小梅看到了，连忙把其中的石头捡起来玩，这时候看到的小明连忙去抢："这是我的石头，我现在要。”小明强硬地说。小梅无辜地说：“你 要，现在是我捡到的，就不给。”就这样他们俩吵得不可开交，我没有去劝阻他们，在旁边静静地观察着，小明仗着自己身强力壮，很快就将石头给夺去了，小梅气得抽泣起来，旁边的小伙伴连忙去安慰小梅，并和小梅一起做游戏，大家玩得不亦乐乎，而小明一人拿着他的鹅卵石孤单地在地上乱画，懊恼不已。我走上前去，对小明说：“你赢了吗？你赢的是块石头，输的是同伴的友谊和自己的快乐。”小明听到这话，后悔地低下了头，我又对小梅说：“你输了吗？你输的是块石头，赢的是同伴的支持和玩耍的快乐。”听到这话，小梅更加快乐了，看到他们都意识到了争吵的危害，我又把他们召集到一起，刚才闹矛盾的两个人又重归于好，他们都愉快地做起了游戏。教育很多时候需要细心地观察，才能找到我们需要的那扇门。

## 拍画片的启示

又是一个周末，我的几个关门弟子都按时来到了我的家，其中小华从家里带来了一沓很厚的画片，由于家里不大，几个小家伙没玩多长时间就都感到了厌烦，坐不住了。由于外面下着雨，我也不知道怎么办才好，只能静静地看着他们，这时小华好像突然想到了什么似的，忙从口袋里拿出了他带的画片，并且每个小伙伴都分了几张画片，这下这群家伙开始沸腾了，他们开始聚在一起热火朝天地拍起了画片，整个上午他们都玩得非常痛快。吃午饭的时候，我对这些小家伙们说：“如果没有小华给你们的这些画片，你们还会玩得这么开心吗？”大伙听到这话都很感激地看着小华，眼神中充满了善意。我又对小华说："如果你不把画片分给他们，而是你自己一个人玩，你会玩得这么开心吗？"小华连忙说："不会。"我想他从我这句话中应该体会到了分享的意义和作用。教育很多时候需要我们的细心揣摩和潜移默化的教育，才能产生四两拨千斤的作用。

## "朋"字的写法

周末，外面烈日当空，我们无法外出活动。于是我只好组织他们在家开展书法练习，我在前面讲着各种字的写法。不知不觉中我发现坐在一起的华和梅有点反常，人高马大的华不断侵蚀着两人的共同桌面，把身材瘦小的梅挤到了桌子的角落。看到这里，我气不打一处来，真想好好批评华一顿。可转念一想，这样不好，既耽误大家练字的时间，也容易引起华的逆反心理，那么如何是好呢？看到小黑板上正在讲的生字的写法，我计上心头，"同学们，我们今天来学习'朋'字的写法好吗？"学生连忙说好，于是我在小黑板上画上了田字格，并把左边"月"写得很大，右边"月"写得很小，并问同学们，我写的"朋"字好看吗？学生们都说不好看，我又问，为什么不好看呢？明忙说，左边的"月"写得太大，占了右边"月"的地方，既然是朋友，就应该一人一半才对，这样写字才好看。他的发言获得了大家的一致赞同，大家都说应该这样。当我再一次去看华时，发现他已经悄悄把属于梅的桌面退了回去，而且脸上泛着羞愧的红晕。很多时候看到学生的错误，我们应该放弃那种强制性抑制，更多的是采用保护性的抑制。我想这样的保护性抑制，既可以制止学生的不良习惯和行为，又极大地呵护了学生的自尊，会让学生虚心接受并且铭记终生。

## 吮手指的孩子

小杰是我同事的孩子，每到周末，他就会和我的几个学生来到我家玩。这天他妈妈送他过来的时候，对我说："朱老师，你如果能把他爱吮手指的毛病给纠正过来，我就真的感谢你。"我说试试吧，于是进屋后，我就让他和小伙伴们一起坐下来，我给他讲了吮手指的危害，然后问他想改吗，小杰连忙说想改。我又说，那你就在伙伴们面前表决心，请大家都来监督你，于是小杰很郑重地在大家面前表达了要戒掉这个坏习惯的决心，并邀请大家监督他。于是整个上午，我发现小杰真的没有吮手指了，在吃饭前看电视的时间，他和小伙伴们都入迷地看起了动画片，不知不觉中，我发现小杰的手指开始伸向嘴巴，于是我用眼神凝视了他几分钟，他马上感觉到了，迅速又缩回了手指。在吃完午饭的小结时间里，我对同学们说，今天大家的表现都很棒，尤其是小杰同学，短短一上午他就改掉了吮手指的坏毛病。我的话刚一说完，小梅马上跳起来说，他看电视的时候又吮手指了。听到这话，小杰迅速低下了头，我又说，他虽然在看电视的时候有点忘记了，可后来又马上记起来了，他吮了这么多年手指，今天能做到这样，还是成功的。听到这话，他刚才低下的头又开始昂起了。下午，他回家的时候，我又叮嘱他父母在家要监督和纠正他。星期一的时候，我又去和他的老师叮嘱在学校要监督和纠正他。经过大概一个月的时间，当小杰再次来我家玩时，我发现他再也没有吮手指了。习惯的改变是需要时间的，尤其是坏习惯，因此，我们在对学生的教育过程中，要真正做到耐心等待，请记住，教育是慢的事业。

我始终认为教育就是慢慢陪伴学生成长，我开展的亲情家庭日班级课程就是希望陪伴与呵护这些留守儿童经历他们生命中最精彩的童年时光。愿更多的老师也能和我一样开展亲情家庭日班级课程。

## 爱要以智慧传达

深爱自己的学生是现在很多班主任的共同点，但教育学生不仅仅需要爱，还要有智慧。没有智慧的爱是盲目的爱，真正的爱是智慧的爱，是恰到好处的爱。现实中，我们很多班主任往往把对学生的爱仅停留在表面，没有深入其情感和内心世界，只能在生活中发出“现在的学生真难教”的感慨，其实爱学生需要方法和技巧，爱要以智慧传达。

不怕不听话，就怕没好话。现在的学生最大的毛病恐怕是“不听话”。但我们也要想想：学生首先是一个独立的人，然后才是学生。学生不是班主任的附庸，更不是班主任的私有品。学生有自己的人格、尊严、思维、喜好，不会什么都由班主任来左右。如果班主任在跟学生们交流的过程中不讲究艺术、没句“好话”，那势必会激发他们的逆反心。

以威相逼没好话。现在的学生所接触到的知识、获取知识的渠道，已不是班主任做学生时所能比的了。“我是你班主任，你就得听我的”，这种以班主任的威严逼学生就范的教育方式，现在在学生面前作用十分微弱，如果学生思想不通，“牛不喝水强按头”肯定不行，甚至只能逼得学生与我们“对着干”。

冷嘲热讽没好话。有的班主任在对学生的表现不满时，偶尔会来几句不冷不热的嘲讽，看起来似乎是想刺激学生奋发，殊不知这样的话语更能刺伤他们的自尊心，不仅打击了学生的学习兴趣，而且容易在班主任与学生之间形成交流障碍。其实，有些话对学生说一遍，也许他们就记住了，如果他们确实没听进去，我们再强调一下就可以了，没必要重复说，说多了谁都会厌烦。所以，班主任没有必要抱怨学生不听话，应该多设身处地想想学生的感受，有了这个基础，班主任与学生沟通就会融洽很多。

做给学生看，陪着学生干。生活中，我们总是抱怨学生的习惯不好。其实，班主任是学生的模范，我们的一言一行都会在学生身上找到影子，想要学生做到的行为，班主任要首先做到。

做给学生看，有利于学生掌握方法。要求学生去做某一件事的时候，班主任一定要先做给他看，一来让学生心理上找到榜样，觉得这个行为理所当然；二来让学生在看班主任做的过程中，掌握方法、逐步熟知。

陪着学生干，有利于学生增加信心。学生都是有惰性的，需要班主任的监督和帮助。比如，年龄小的学生在做课堂作业时有畏难情绪，注意力容易分散，这时老师就应该多花时间陪着。学生做作业的时候，老师可以在旁边看书，对一些有难度的习题，或者需要协作完成的作业，老师也可以积极参与进去。特别是遇到老师也拿不下来的难题时，就应该让学生知道大人也有做不到的事情，遇到难题只要努力了，做错了也不丢人。

正确是进步，错误是积累。现实中我们面对学生犯错往往会暴跳如雷。其实包括成人在内，并不是做每一件事都是正确的，有的甚至错得很离谱，学生更是如此。作为班主任，应该用一颗平常心，客观地去面对学生的成绩与失败。

对学生的成绩要舍得夸奖。我们通常会把溢美之词给予别人，对自己的学生有时却显得“吝啬”。其实，我们应该充分肯定学生的成绩，让他们在体验成就感的基础上，保持昂扬的精神状态。如果班主任表现得太“冷”，一定程度上会传染给学生，让他们逐渐失去激情。所以，对学生的错误要敢于包容，错误也是一种积累，有了这一次错误的经验，下一次他离正确就更近了一步。

教育是一门动心思的艺术，其智慧的来源除了充分了解学生之外，还在于学习、思考、读书。学习、思考、读书其实也是提高我们班主任个人素养的手段。时代在变化，教育对象在变化，要想拥有教育智慧，就必须不断地学习，不断地在实践中反思，不断地读书，才能成为一名出色的班主任。

## 当好班主任　扮演五种人

我是一个走出校门时间不长的年轻老师，几年来一直担任寄宿班的班主任，学校领导把这样的班交给我，我是向家长交满卷还是白卷？这一问题时刻在我脑中盘旋，思考再三后我告诉自己，要力争成为学生生命中的重要他人。

### 一、认清自身职责，做学生的带头人

一是学习《教育法》和《未成年人保护法》等法规，明确自己的责任；学习《班主任之友》《湖北教育》等刊物，探索做班主任的方法，尤其是在各科教学中渗透德育，了解提高学生学习兴趣和自学能力的方法。二是虚心向老教师请教，请教怎样当好班主任。三是向我们的教育对象学习，经常召开班干会，向小助手学习管理班级的方法，

号召他们出谋献策。四是向学生家长学习，我班上有学生 50 多人，我为寻求教育学生的方法，经常利用周末到学生家走访，2021 年到学生家走访次数平均每人 2 次，走访最多的是龚贵华（代名，书中人名一律使用化名）同学家，大概有 8 次。通过走访与家长座谈，我学习到了不少教育学生的方法。

## 二、创新管理机制，做学生的引路人

根据我自己的探索，我在班上试行每周由两名学生充当“班主任”和班长的班干轮流制。我设置了一张小小的聘任书，填上受聘者的名字和职务，再盖上我的大印。之后举行一个受聘仪式，以树其威信、壮起胆色，每周的班级事务由两位受聘者全权代理，我则做“幕后老板”。这一新举措极大地调动了学生参与班级管理的积极性和主动性。特别是一些后进生从中得到约束转变。在深刻体会班主任和班干部辛苦的过程中，他们提高了思想觉悟，并改掉了一些不良习惯。那些受聘者期满后都很自觉地配合老师或其他班干部做好各项工作。在整个学期，班风学风都得到很大的改善，学生的学习气氛相当浓厚，在卫生、宣传、文体活动等各项评比比赛中都取得较好成绩。

## 三、与学生打成一片，做学生的知心人

我家离校近，家中父母目前还健康，家务事不需要我过问，我利用这个有利条件，每天丢下饭碗就与学生在一起谈心，加深了对学生

的了解，密切了师生关系，像我班的彭倩同学，娇生惯养，并患有先天性疾病，于是我就与她交心、谈心，鼓励她战胜病魔。从生活和学习上鼓励她，并给她讲《钢铁是怎样炼成的》的故事、张海迪的故事等，使她树立生活的信心。她家离学校比较远，我经常帮她买餐票、买饭，通过与她接触、对她进行鼓励，她更加发奋学习。期中、期末考试在全镇语文、数学总分都是第一。

## 四、注重德育渗透，做教育教学的有心人

在教学当中，我根据实际在各科教育中渗透德育教育，用高尚的思想来教育并感化学生。例如，我们班学生董彩虹、胡洁，原来成绩不算好，每次考试只有 20 多分，经常不做作业，上课不用心听讲，在教《一定要争气》这篇课文时我特意以书信的方式让他们对照童第周爷爷找差距、谈感想。“一定要争气，别人能办到的事，我一定也能办到”，童第周爷爷的这句话时刻铭记在董彩虹、胡洁两位同学的心中，他们纷纷表示要像童第周爷爷那样刻苦努力、锐意进取，相信别人能学好，我也能。现在董彩虹、胡洁各科成绩突飞猛进，由原来的 20 多分上升到现在 70 分以上。

学生梅龙兴，家里离学校本来不远，可是每天迟到，走起路来慢腾腾的。我在上《珍惜时间》这课时，有意请他谈感想，使他认识到时间的宝贵。梅龙兴在“珍惜时间”的班会上说：“我一定要像童第周爷爷那样，爱惜时间，做时间的主人。”现在梅龙兴再也不迟到了。

我们班的同学原来不太讲卫生，通过对《讲究卫生》两课时的学

习，我组织同学联系实际找差距，人人发言谈打算，使每个学生受到教育，提高了认识，现在我班讲究卫生已蔚然成风，学生打扫办公室，每次都打扫得很干净，多次受到学校的表扬，2021 年还被学校评为卫生模范班集体。

## 五、倾注全部爱心，做学生的贴心人

我班龚桂花的父亲是四川人，因工伤残，母亲精神病时常发作，生活十分困苦，经常饱一顿、饿一顿，学习用具更不用说，不是缺笔就是缺本子，学习上几乎丧失信心。得知这一情况，我经常请她到我家吃饭，好几次我在镇街道上看见她和父亲一块捡破烂。每次我都会买些方便面、饼干、烧饼之类的东西送给她，我还经常买一些学习用具送给她，由于解决了她的后顾之忧，她学习积极性也调动起来了，2021 年期末统考成绩每科都在 80 分以上，还被评为学校的劳动模范和学习积极分子。

几年来，我班每次统考和竞赛都获得了较好的成绩，班级工作每次也都是模范班集体。虽然我的工作很平凡烦琐，但我做得有滋有味、无怨无悔。

## 家访“三字经”

学生的成长和发展是学校、家庭、社会相互作用的结果，其中最主要的是学校教育。但学校教育是否有效，还要得到家庭和社会的配合和支持，尤其是家庭教育，对学生的影响作用更为突出。学生减轻了课业负担，自由时间多了，活动空间大了，对缺乏自制能力的小学生来讲，如果引导不好，很容易误入歧途。此时，老师应挤出时间，经常到学生家里家访。经常家访，可以了解每个学生，缩短师生之间的心理距离，挖掘每个学生的潜能，充分调动学生、老师和家庭三者的积极性，形成合力。

### 一、备

家访前要提前“备课”，做好充分准备，这样家访才能取得比较满意的效果。笔者认为，老师家访起码要备好以下几个问题：（1）目的性和期望值。每次家访前，班主任要认真细致地“备”此次家访要达到什么目的？如何达到这个目的？对本次家访成功与否的期望值？这个期望值符不符合学生的实际？（2）了解学生。家访前，班主任要对家访学生的在校表现、各科学习、兴趣爱好、习惯、优缺点等了如指掌，以便家访时能信手拈来，提高家访的实效。（3）提前预约。家访前，必须与学生家长提前约定好家访的时间，切不可盲目家访，这样学生家长很可能不在家，白白浪费时间和精力，也会大大影响教师的情绪。（4）时间的选择与控制。家访时间最好选择在学生放学后或双休日，这样学生也可以在场，家访的效果会更好。家访时间不宜过长，以免耽误家长的工作。（5）内容和方法。家访的内容应多种多样，了解学生家庭情况可以家访，学生取得进步可以家访，发现学生有问题可以家访，学生家庭有困难可以家访。家访的谈话方法，注意不要千篇一律，要因人制宜，“一把钥匙开一把锁”。

## 二、察

家访时，老师的观察很重要，因为我们家访的目的中有两点很重要：一是全面了解学生的生活情况和家庭成员对他的影响，掌握学生的个性特征。二是了解家长提供给孩子的教育环境和影响，帮助他们优化教育环境，改进教育方法。目前学生在家学习状况大致分为五类：（1）自主学习型。这类学生在家能从容完成作业，多余时间能自我规划、自主学习，是学习中的佼佼者。（2）按部就班型。这类学生在家能按时独立完成作业，但只以完成作业为学习的全部，不会自我规划，或缺乏吃苦、拼搏精神。（3）学玩并重型。这类学生在家基本能完成作业，速度较快，但完成质量不高。这类学生学习成绩不稳定，属临界生，是我们工作的重点对象。（4）“埋头拉车”型。这类学生在家每天作业都做到很晚，学习时间拉得长，效率低下，看似很勤奋，但学习效果不佳，成绩长期在中下。（5）被动应付型。这类学生学习目标不明确，普遍较懒散、不愿吃苦，上课听讲不认真，课后作业应付、抄袭，回家基本不做作业。这类学生学习成绩较差，却自我感觉良好。

我们教师通过观察，分析出所访问的学生是上面哪一类型的，以便我们在以后的教育教学中做到有的放矢。了解学生的生活和成长环境，有助于我们与家长形成合力。他们的家庭环境也可以大致分为三类：一是环境恶劣型。如我曾经在一个学生家里，刚在客厅坐下，这时，隐约从隔壁传来一阵吵闹声，中间夹杂着打麻将声。我仔细一看，房间的布局有些特别，这本是一个单元房，两室一厅，可是硬生生地少了一室，学生奶奶把我引到麻将室，我才明白，这个麻将室将这个单元房的房门堵上了，从外面再开一个门，应该是不想让房间中的麻将声影响孩子学习。麻将房摆了三张麻将桌，烟雾缭绕、叫声不断。我想这是怎样的一个家庭啊，家里有孩子读书，居然还在家开着麻将馆。二是自我放纵型。我曾经到一个学生家里去家访，推开房门，他正专心致志地盯着电脑屏幕在玩游戏。她妈妈说：“中国的四大名著、中国的上下五千年的历史、百科全书、世界的经典文库，在我们的家都能找到，这且不说，我们还给他买了挪亚方舟学习视频，老师你说，这么多的优秀图书还抵不过网络游戏魔兽世界吗？”我好像无法回答这么高深艰难的问题，遗憾。三是环境优良性。还是我一个学生的家里，到他的卧室一看，不错，这正是我理想中的书房，宽大的老板桌上摆放整齐的图书资料，仔细整理过的文具盒，干净整洁的草稿纸，多种多样的课外读物，纤尘不染的床单与地面，墙面上挂着美丽的图案，有星形的图案画，有美丽的景色画，有虚幻的概念画，有名家书画，当然也有明星画。整个书房弥漫着一股书香味，优秀之所以优秀，因为它是一种习惯。

仅一次家访，我们一般很难解决一个学生的学习和生活问题，但一次家访能让我们大致观察出学生的学习和生活环境，为我们今后的教育、教学指明方向和思路。

## 三、育

我们家访最终是要解决我们在学校对学生未解决的教育问题，或者说再进一步促进我们的教育效果。因此，在家访中我们要做一些事情。

对生活贫困生家访要“帮”。生活贫困生是班级中一个不可忽视的“弱势群体”。老师如果能够经常地家访贫困生，就可以有效地调节他们的情绪，对稳定班级有着重要作用。对行为极端生家访要“勤”。所谓行为极端生，是指班级中那些纪律和行为习惯极差的学生。这些学生由于家庭背景复杂，是班级中的不安定因素，是典型的“问题生”。老师如果不能尽快找出他们的“病因”，及时对症下药，就容易出现严重后果。因此，对行为极端生的家访是老师家访的重中之重。对性格内向生家访要“细”。俗话说：江山易改，本性难移。由于性格内向生的成因比较复杂，他们中大多存在孤独、多疑、偏执等不良心理，在班级中经常表现为不合群、认死理和爱顶嘴、好吹牛等现象。如有不慎，还有可能造成严重的后果，出现极端行为，以致发生偶发事件。因此，对这些学生进行教育难度较大，对他们家庭进行细访就尤为必要。对优生家访要“激”，再优秀的学生也有缺点和不足。老师要根据这些学生的不同情况有选择地进行家访，这样不仅能极大地调动品学优等生的学习积极性，促进他们品格的锻炼，而且还可以及时地帮助他们消除骄傲自满、唯我独尊等不良行为和心理，可以更快更好地促进品学兼优学生的发展和健康成长。

家访是让老师切身感受学生的成长环境，在了解家长的文化素质、家庭教育状况的基础上，对学生进行全面认识、分析、理解，真正实现“一把钥匙开一把锁”。教师登门造访，与学生、家长架起了联系与沟通的桥梁，织成家长与教师达成共识的纽带，促使学生根据自己的特点健康成长。愿我们都念好家访“三字经”，爱上家访，做好家访。

## 生从何来，生有何意

——学生自杀心理原因及对策探究

“生命”一词多么蓬勃美好。可是，很多人选择以自杀来结束生命。尤其使我内心备受煎熬的是，身边一些花样年华的学生在懵懂求知的岁月走上这样一条不归路。

每次听到学生自杀事件，我和同事们就会回顾自己的学生时代。经历过多少伤痛，承受过多少挫折，被家长、老师打骂过多少次，但我们从未动过自杀的念头，甚至没有想到过自杀这件事情，而现在的孩子为什么那么轻易就想到自杀，甚至尝试各种各样的自杀、自残的行为？

有人说，学生自杀是因为学业压力太大；也有人说，是现在娇生惯养的孩子承受能力差……说得都对，但是学生的自杀具有偶然性、突发性和复杂性，我们应该深究这里面更深层次的心理原因。

## 一、学生自杀的心理原因

### （一）错误的模仿误入歧途

学生最喜欢做的事是什么？是模仿。心理学上有个“维特效应”，即自杀模仿现象。所谓“维特效应”，是指两百年前德国大文豪歌德发表了一部小说，名叫《少年维特之烦恼》，该小说带有异常强烈的时代精神，它所提出的问题带有时代的普遍启蒙意义。对维特的精神和性格，诸位定将产生钦慕与爱怜；对他的命运，诸位都不免一洒自己的同情泪。小说发表后，造成极大的轰动，不但使歌德在欧洲名声大噪，而且在整个欧洲引发了模仿维特自杀的风潮。为此，好几个国家将《少年维特之烦恼》列为禁书。

菲利普斯是通过对 1947—1968 年，美国自杀事件的统计得到“维特效应”证据的。他发现，每次轰动性自杀新闻报道后的两个月内，自杀的平均人数比平时多了 58 个。因此，从某种意义上来说，每一次对自杀事件的报道，都杀死了 58 个本来可以继续活下去的人。菲利普斯同时发现，自杀诱发自杀的现象主要发生在对自杀事件广为宣传的地区。而且，这种宣传越是广泛，随后的自杀者就越多。

也许确实如此，十几年前甚至更早，互联网没有像今天这样发达，大家获取资讯的方式也没有如今这么便利，听闻一起自杀事件并不是那么的容易。譬如笔者，在学生年代，从没听说过学生自杀事件，仅仅是偶尔听说过农村妇女因家庭矛盾服毒等，自然受之影响就非常小。

而如今，任何一则自杀事件都难以逃过媒体、自媒体的关注和报道，一件自杀事件往往成为惊动全国的事件，经过媒体放大的自杀细节、自杀原因往往成为民众关注的焦点，随之被捆绑的教育话题、道德谴责、话语权的过度扩张，充当了舆论的打手，一时间纷争四起、硝烟弥漫，一波未平一波又起，为孩子提供了各种模仿的可能和心理借鉴。各地的孤例，聚集在一起，就成了频发事件。而“维特效应”也便于此显现。

（二）内心的孤独产生绝望

这一代的学生有三多：留守生多，独生子女多，离异家庭子女多。这些学生最突出的特点就是孤僻、不合群。除了缺少玩伴的孤独之外，更有根植于孩子内心的孤独。这种孤独是生养他的父母给予的。今天的父母绝大多数为了生计，每天早出晚归，孩子与父母之间的心灵连接很少。在情感上、在亲情上、在友情上，甚至在爱情上，这些孩子大都处于他们成长的盲区和“灰色地带”，需有人为他们扫除成长的障碍，指明方向。人与人之间如何付出、如何交往、如何妥协，成了隔断孩子成长路上的河流。特别是城市中的孩子，虽然和父母生活在一个家庭，可是他们却像一群教育难民。城市化的快节奏、高效益让父母们来也匆匆、去也匆匆，只有在上学、放学的时刻聚集在学校门口稍作停留。为了弥补陪伴孩子时间少的愧疚之心，就尽量用物质满足孩子的需求，殊不知物质上的富有更加凸显精神上的空缺。今天的孩子无论在学校还是在家里都是孤独的。

回头看看当今的老师，大多数都是 20 世纪八九十年代的独生子女，他们本身就是孤独的一代，父母、兄弟姐妹的陪伴是缺失的。因此，形成一种现象：在家里是孤独的，在学校孤独的学生依然是孤独的，他们还没有学会互相取暖、破除孤独。老师本身是经历过孤独的，他们也没法给予孩子们他自身不具备的能力。三种孤独叠加在一起，依然是孤独。孤独久了，就很难解决，慢慢地，孤独就在孩子内心生根，让他们逐步失去对生活的依恋。

（三）沟通的障碍阻断出路

现在的学生在遇到问题时，往往是“一条筋”，喜欢走极端。其实这里面沟通不畅是“导火索”。今天的社会信息化高度发达，现代化的沟通交流工具层出不穷，可以超越时空、超越国界、超洋越海。但即便如此，沟通不畅现象依旧普遍存在，究其原因，很重要一点在于：沟通渠道多了，但情感接触少了。今天的交流绝大多数是隔着屏幕，用电磁信号来传递信息，人与人之间的直接交流少了，亲笔写信传递情感的机会更少。因此，人的情感被现代化阻隔了，这是沟通不畅的一个主要原因。

家庭和学校是孩子练习沟通的实验场，如果在家庭和学校沟通不畅，长大后社会交往能力就更待提高。而今天的孩子因为情感的脆弱，导致了沟通的抑制，每天面对各种屏幕导致情感的弱化，父母和孩子都逐渐忽略了对方的心理感受。慢慢变得不会沟通、不想沟通、不能沟通，这就会导致情绪积压，久了就会爆发，从而导致一系列无法弥补的恶果。

## 二、学校开展生命教育的策略

生从何来，生有何意，如何对待死亡？这些生命教育的问题，是我们学校、老师、家长乃至负有社会责任的媒体，都应该帮助学生解答的。让学生懂得生命的可贵，懂得敬畏生命、敬畏死亡，这些远比让孩子多记几个英语单词，多做几道题更加重要。

### （一）多彩校园，释放生命的活力

2022年年初，江林学校在增设的“大课间”与“阳光半小时”里，开展了丰富多彩的课间活动。低年级学生以拍球、跳绳、排球为主，中高年级以踢毽子、篮球、乒乓球为主。为了更好地促进活动的开展。学校制订了“挑战校园吉尼斯”的活动计划，每一项运动都有校园吉尼斯的保持者，每一天都是挑战校园吉尼斯的挑战日，我们真切地感受到生龙活虎的校园才是生命律动所在，自由自在的童年才能让生命多姿多彩。

学生的生无可恋，反映出当今学校生活的枯燥与乏味。因此，生命教育应是快乐体验的教育。生命教育的首要任务就是要全面丰富学生的精神世界。生活苦点、累点一般人都不怕，但最怕生活枯燥无味，最怕孤单寂寞。在如今物质生活日益丰盈的时代，学生的童年一般不缺吃不缺喝，缺的是亲情的陪伴，缺的是多彩的活动，她们的生活大多是无聊空虚的。

为了让学生的童年过得五彩缤纷，学校要尽量创新开设多元课程，满足孩子们的个性需求。可以成立“少年宫”，聘请有才艺人士做志愿辅导员，组建篮球、乒乓球、横笛、二胡、象棋、绘画等各种兴趣小组，让每个孩子在知识性学习之余挖掘个性潜能。

学校要落实每天的“阳光一小时”活动，投入资金购买必备的运动器材，如绳子、毽子、乒乓球、呼啦圈、跳跳球、接力棒等。只要开展有声有色的“阳光课堂”，学校一定会朝气蓬勃，孩子们也会个个生龙活虎，天天阳光灿烂！

还要创造性地开展多彩的主题活动，全面美化孩子的心灵世界。比如，开学初，可以举行“爱的拥抱”“放飞梦想”等主题开学典礼活动，让孩子们在老师的“孩子，我爱你，来，我们拥抱一下”“孩子，希望你新学期有更大的进步”的祝福声中快乐起航。春天可以组织学生放风筝，让风筝随风摇曳、自由翱翔，孩子们定会觉得生活是多么自由自在。“六一”儿童节可以邀请家长们回家与孩子们一起过节，让孩子们画一画美丽的童年时光，唱一唱快乐的校园生活，排一排课本剧、集体舞，自信地站到表演的舞台上，留下自己的美好回忆，体会亲情时光。假期可以布置“亲情作业”《听爸爸妈妈讲工作的故事》，讲一讲生命中的成长故事。中秋节可以举行“天涯共此时”的赏月抒情活动，记一记自己美妙的生活。元旦节，可以让孩子们亲手制作精美的贺卡，寄给远方的父母，念一念父母的含辛茹苦（表达期盼春节团聚的思念之情）……

每一个孩子都是天上的一颗星星，每一个孩子的心中都有一个美丽的梦想。因此，每一颗星辰都值得我们举目仰望，每一个梦想都需要我们精心浇灌。有了梦想的孩子不再孤单，有了梦想的人生将会开满鲜花。

## (二)走进心灵，体验生命的可贵

三月的天气似乎懂得这些可怜的孩子们的心情，一直下着小雨，分外的阴冷。“三八”节那天，明德校园寄宿生“亲情热线”开播。一句句“爸爸，我想你！妈妈，我爱你！您辛苦了……”回荡在校园里，电话两头热泪盈眶，浓浓的温情在校园里汩汩流淌，很多学生还用自己稚嫩的笔记录下这动情的一刻。

学生内心的封闭与孤独折射出当今社会亲情的缺失，因此，生命教育应加强亲情教育。而亲情教育就是要走进其心灵，让他们拥有健全的情感和人格。教育系统内流行一句话：没有亲情的教育是一种残缺的教育。所以，生命教育应从亲情入手，以亲情为主线——用亲情弥补亲情、用亲情带动亲情、用亲情回归亲情，从而让在校孩子有被爱的感觉，学会表达爱，拥有健全的情感和健康的心理，最后上升到对社会、对国家的大爱。

学校可以利用日益发达的移动信息技术，加强学生与外出务工父母、监护人的互动交流，给难以相聚的双方倾诉相思之情的平台。在“三八”妇女节、父亲节、端午节、中秋节等特别的节日里，组织各班开通开播“亲情热线”和“亲情视频”。活动结束后，引导学生用笔记录下情感宣泄的经历，理解父母虽远离他们，但爱从来没有走远的心情。

也可以尝试开设亲情教育课，如每月为学生过一次“集体生日”，吃上香甜可口的生日蛋糕，为自己和关心他们的人许下最美好的心愿，让他们被爱包围，感受幸福就在身边。从而在生日会中懂得父母的养育之恩，懂得老师的培育之情，懂得国家与社会对他们的关爱之心，激发他们对父母、对社会的感恩情怀。

还可以设立志愿者“亲情服务岗”，让“留守妈妈”和“留守爸爸”们深入学生寝室，与留守学生结成对子，组建“亲情家庭”，为孩子们洗头、洗澡，与孩子们聊天拉家常……努力让一些特殊群体的学生找到“父母的温情”，感受到“家的温暖”，把学校当成自己的家，享受同样的幸福童年生活，健康快乐地成长。

对一些有心理问题的学生，更要成立“心理健康咨询室”进行心理辅导，帮助他们解决心理烦恼，提高心理承受能力和调适能力，及时矫正他们在家庭和社会中受到的不健康的影响和言行。

（三）磨砺身心，领悟生命的顽强

寒风中徒步 7 小时，仓库里打地铺睡 4 晚，洗澡只能用冷水……10 月 13 日到 10 月 17 日，华师一附中高二年级 1200 多名学生，要体验 5 天这样的艰苦生活。该校这个特色社会实践活动始于 1990 年，到 2018 已经坚持了 28 年。每年的体验内容略有不同，但被老师和学生们称为“上一堂吃苦课”。

学生怕事是因为经历的事少，因此，生命教育应重视磨砺教育。给学生上“吃苦课”，难能可贵的是一上就是 28 年。在第一天，学生们就徒步 25 千米，在日渐寒冷的天气里，学生们还要洗冷水澡，还要在仓库打地铺。5 天的时间里，学生的活动内容包括徒步拉练、走访农家与农民交流、到现代企业听专题报告、篮球比赛等。

这样的“吃苦课”能够提高学生的自理能力，让学生了解社会，让学生“野蛮其体魄”。现在的学生自小没有吃过什么苦，对学生进行有针对性的“吃苦课”，就是有的放矢，能让被电子产品吸引、变得越来越“宅”的学生放下手机，投入户外活动中。“吃苦课”并不只有吃苦体验，而是能苦中有乐，是在补充学生极为欠缺的吃苦耐劳的素质。

首先，磨砺教育不只是“劳其筋骨”，更要“苦其心志”。它和任何其他形式的教育一样，可以随时随地进行。如学生学习、生活中遇到的任何一个小困难、小挫折，都可以成为磨砺教育的源头和良机，教师需要在孩子遇到挫折的时候及时、正确地发挥安慰、引导、教育的作用，这样日复一日地培养孩子对困难挫折的应对能力和良好心理。

其次，教师应该给予学生合适的锻炼机会，培养孩子自立的能力和精神，制造一些人为的困难，增强孩子承受挫折的勇气，但是不要以一个成人的标准来要求学生，而应让学生及时体验克服困难后的喜悦，从而体会生命的顽强。

最后，磨砺教育中不仅要抓好学校教育，也需要家长认识到磨砺教育的重要性，加强家校合作，这样才能完成磨砺教育“一来一往”对孩子进行“磨砺”的“整套动作”。

### （四）责任担当，感受生命的意义

江林学校将培养“小管家”队伍作为实施责任教育的一个切入点，先后成立了各级各类学生管家队伍。如学校纪律小管家、班级卫生小管家、节电小管家、桌椅维修小管家、图书管理小管家、走廊文化管理小管家……学校、班级的很多具体事务都落在这些小管家的头上。每支小管家队伍都有一位辅导员负责，他们要对小管家进行业务培训，培训后再上岗。现如今，这些认真负责的小管家已经成为学校常规管理中的一支主力军，成为教师强有力的左膀右臂。同时，通过小管家队伍活动也培养了一大批有责任心的学生。

黑格尔说："自杀是一种不负责任的愚蠢行为。"人活着的真正意义，不光是为了自己，也要为更多的人去服务！因此，生命教育就是要培养和强化学生们的责任意识。对教师来说，一是要寓责任感教育于学科教学之中。教材中富含深刻的道德思想内涵，要善于开发其培育人的功能。"先天下之忧而忧，后天下之乐而乐"的博大胸怀，"为中华崛起而读书"的壮志雄心，"为中华的富强而孜孜以求"的不息精神，都是培养学生社会责任感的优秀教材。用教材中伟人的事迹、科学家的故事来唤起学生为中国的富强而奋发的责任感。同时，要让学生更多地亲近优秀的文学、艺术作品，适当地接触哲学、历史作品，培养他们开阔的胸襟和淡然的心性，以优秀的文化来培养学生，通过自身感知、觉悟的拓展与升华，取得实效。

二是要强化自我管理、自我约束、自我服务教育，培养责任心。一方面，根据学生的兴趣、特长，教师尽量给他们安排为集体服务的活动，使每一位学生成为学习、生活、工作的主人，让他们能感到"英雄有用武之地"。这样，人人有事做，事事有人管，人人管自己，学会各司其职、恪尽职守。另一方面，在学生履行职责时，难免出现差错，教师要及时分析原因，及时找他们谈心，适时提醒他们，使学生逐渐学会自我控制、自我约束，促使学生的责任感日益增强。

作为一名教师，我总怀揣着这样一个梦：希望我们的每一个学生都能快乐成长，希望我们的每一位教师都能幸福工作。就像作家杏林子在散文《生命，生命》中写的那样："我应许自己，绝不辜负生命，绝不让它从我手中白白流失。不论未来的命运如何，遇福遇祸，或喜或忧，我都愿意为它奋斗，勇敢地活下去。"当然，我知道，离这样一个梦想还有很长很长一段路，但好在我们正在路上。

# 劳动是最真实的德育

学校地处偏僻落后的农场湖区，交通与信息都十分闭塞，但是身边热火朝天的劳动场面随处可见。初为人师的我对德育一窍不通，于是只好引领孩子们走进农场广阔的劳动大地。

一

苏霍姆林斯基说：“学校的教育任务之一，就是要使孩子们从内心深处感受到，他们周围还有许多需要给予帮助、关怀、爱护、诚恳相待和同情的人。最主要的是，要使孩子们的良心不允许他们对这些人视若无睹。”

当时的农场地区是粮食主产地，每年的农忙时节，我都喜欢带领学生亲身体验一天的劳作。早上清凉是拔秧的好时机，大人们弯着腰把秧苗一小把一小把地从田里拔起来，凑成一束放在水田里，他们像一个个士兵一样，雄赳赳、气昂昂地站在田里，迎着晨风飘摇。

临近中午，骄阳似火，你家田里，他家田里，脚踩的打稻机发出千篇一律的“嗡嗡嗡”的声音，知了也在声嘶力竭地嘶鸣着，好像在倾诉着夏日的火热。

夏天的暴雨来得突然，走得也快，大人们总觉得这雨是来捣乱的，紧接着就是一片骂声，很快天又放晴了。但，雨后的凉爽还是经不住太阳公公的霸道，半个小时左右，整片稻田里就像个大蒸笼一样闷热起来。“农忙”的中午是我们觉得一年当中最漫长的时间。

终于，火红的太阳渐渐落了下去，好像他自己也不好意思了，在这黄昏时分透出了些许温柔。在这火烧云的映射下，人们经历一天的劳作，体力消耗得所剩无几，可深知明天农活任务更加艰巨，不得不在蚊子的叮咬下继续奋力抢种着。

艰辛的一天体验，孩子们看到了父母的艰辛，感恩心油然而生；体会到粮食的珍贵，勤俭节约习惯自觉养成……记得多年以后，一位学生在我的微信中说：“正因为儿时的这段劳动记忆，我在茫茫人生路途中学会了隐忍、无畏和坚强。”

时光如梭，这种特殊的经历此生不会再有。想想现如今的孩子，手里几乎整天拿着手机，上着网，吹着空调，玩着游戏，还有谁会念着想着为父母分担点家务活？还有谁会记得祖辈曾经历过的艰苦？

## 二

1999 年的农场地区经济十分落后，孩子们上学经常交不起学费，这件事对我的触动很大，如何才能帮助这些孩子们呢？于是在班会课时，我把我心里纠结的这个事说给学生们听，大家开始了激烈的讨论，有的同学说要给这些同学捐款，我不是很赞成，因为我觉得让没有经济能力的孩子捐款，对他们来说是一种负担；有的同学说，让学校减免，可我知道，学校只有不足 200 名学生，办学经费本身就紧张，我怎么好去开这个口呢？

苏霍姆林斯基说：“如果儿童懂得为别人的幸福和欢乐而付出劳动，并为此而流了汗，手上磨出了老茧，那么他的心地就会变得善良、敏感、温柔；只有通过劳动，一个人才会以热忱的心去待人接物。”

于是我提议我们利用周末的时间去帮农场的棉农们捡棉花来挣钱，然后用这些钱来成立一个助学基金，帮助家境困难的同学交学费，我的提议获得了同学们的一致赞同。在这后面的每个周末我们都活跃在田间地头，为了我们的助学基金而辛勤劳作，从没有一个同学怕苦怕累。在农场学校的几年间，我们班的助学基金不但帮助了本班的同学，还帮助了学校其他班的贫困学生，更为重要的是，我看到了一大片善良可爱的孩子们在茁壮成长。

## 三

这几天，住校的孩子们吃到了鲜嫩可口的大萝卜，个个笑得合不拢嘴。据悉，这些萝卜来自学校实践小组的农艺园，都是学生们亲手种植的。

农场中学远离城镇，校园内空地众多，于是我利用这些空地开辟出农艺园，利用每周一节的“劳动课”开展学生劳动实践活动。每个小组承包一块责任实践田，根据时令种植适宜的果蔬等农作物，课余时间，我时常带着学生们一起在各组的“一亩三分地”里播种、施肥、浇水、拔草、收获。

每逢蔬果丰收季节，孩子们将劳动成果赠送给学校的厨房，既改善了寄宿生们的伙食，也减轻了学校与寄宿生们的经济负担。除此以外，孩子们还将收获的蔬菜、果实等赠送给福利院的老人，用爱心行动践行了“尊老敬老”的传统美德，浸润了学生们的心灵，获得了当地群众的一致点赞。

学生们在农作物的栽培、管理、收获过程中，与土地交流、和自然对话，感受到生命的价值与成长的力量，感悟“劳动创造美好生活”的快乐源泉，更让学生们在分享劳动成果中学会感恩，在尊老敬老中弘扬传统美德，从而唤起他们对自然与生命的亲近本能，让热爱劳动、感恩生活、发扬美德成为一种自我需要和生命自觉，这不正是我们一直追求的德育吗？

三年农场教育生涯，艰辛与快乐同行，让我深深懂得劳动是最真实的德育！人需要劳动，需要在汗水挥洒的劳动锤炼中树立“三观”、创造财富、体现价值。

# 折得“春风”第一枝　持得“彩练”当空舞

## ——农村中小学“留守生”休闲辅导的研究

过去不少人认为，只有工作与学习是有价值的，而休闲是闲荡、荒废时间。其实，休闲并非无所事事地休息，休闲是指个人在完成工作、学习和生活自我服务后，在剩余的自由时间内进行的活动。休闲的目的在于自我教化，追求人生崇高的境界。对当前中小学生进行合理的休闲辅导，能松弛学生身心，满足学生个人需要和兴趣，扩展学生知识和生活经验，增进学生个人身心发展。随着休息日的增多，青少年一年中有一半多时间在校外度过，这无疑为他们提供了良好的休闲时间和空间。因此，班主任要对学生进行休闲辅导，特别要关注那些留守儿童。让他们意识到休闲是生活的重要组成部分，了解休闲活动方式，掌握休闲生活所必备的各种基本知识和技能，能设计有意义的休闲活动。

## 一、农村“留守儿童”休闲生活现状

先看看几组真实数据：

1. 据一项对700名中小学生的调查表明，有34%的学生向往过一个“有意义的假期”，但却感到“无事可干”；有10.6%的中学生觉得周末“空虚无聊”；有18.1%的小学生感到周末“没有意思”。

2. 据一项对60名留守小学生迷恋电子游戏机的调查，3年间他们共进入电子游戏厅877次，其中最多的一名学生达114次。

再看看几个留守孩子的日记：

A：又到星期天了，奶奶叫我在家里待着，什么地方也别去，唉，除了看电视，就是睡觉，就像关在大监狱，无自由、无快乐。

B：同学们都很希望每天都是双休日，看他们神采飞扬的样子，我一点都高兴不起来，回家去他们有爸爸妈妈陪着，多有趣呀！而我，唉，只有空荡荡的房子，外婆年纪大了，我多想妈妈，多想依偎在她的怀里，听她讲故事，与她玩游戏呀，妈妈，你快回来吧！

C：今天，林明带我到游戏室里玩了一天，太刺激了，真想每天待在那里，不想上学了！

最后听听监护人无奈的声音：

A：“‘宝贝，快回来，不要出去！’唉，这孩子又出去野了，讲也讲不清，该怎么办呢？”

B：“你这孩子，怎么又跟别人打架了呢？”

C：“大家行行好，帮我找找孙子吧，他今天一大早就出去了，到现在还没回呢？我怎么向他爸妈交代呀？”

……

“夸张”的数据、留守孩子的无助和无知、监护人的无奈，让我们不得不重新审视我们的休闲教育。

## 二、分析质疑

为什么留守儿童会出现这么多的状况？造成这些状况的原因是什么？笔者认为有以下几个因素。

1. 家庭环境因素

农村经济状况相对较差，很多家长为寻找“钱途”走南闯北，把未成年需要呵护的孩子寄养在爷爷奶奶、外公外婆或亲友处，孩子成了留守儿童。而农村留守儿童的监护人大多年老体弱，或者文化水平低下，他们的观念、意识很难对孩子的休闲生活进行很好的指导。在他们的观念里，孩子只要在家待着，平安无事就行了；或者有些监护人对孩子根本无力管理，对孩子放任自流。在无人指导的情况下，他们不知道除了看电视、玩之外，还能做些什么，他们在百般无聊中消磨掉金色的童年时光。

2. 学校教育因素

农村的留守儿童特别多，而学校教育要注重教育教学成绩，所以侧重在校时段教学管理，对留守儿童的心理关爱难以顾及，与家长的沟通难以实现，对那些“问题儿童”难以管理，所以造成休闲教育

“空白化”的问题。

3. 社会教育因素

社会对留守儿童的关注不够，农村社会教育薄弱，教育资源缺乏，教育观念陈旧，不能有效地弥补留守儿童家庭教育关怀的不足；对一些娱乐场所不能有效管理，也使一些留守儿童沉迷其中而不能自拔。

4. 留守儿童的行为习惯因素

留守儿童的问题行为较多，在学校不遵守规章制度，说谎，拉帮结派，欺负同学，小偷小摸；在家里不听监护人的教导，顶撞祖辈，我行我素。据教师们反映，留守儿童交友没有选择，喜欢成群结伙，打架斗殴；花钱大手大脚，常沉迷于电视、录像、游戏；具有破坏性、煽动性，会带坏其他同学。这为他们的休闲生活带来很大的害处，学生很容易误入歧途。

5. 留守儿童心理因素

留守儿童大多年龄在 8—15 岁之间，正是情感、品德、性格形成和发展的关键时期，长期与父母分离，使他们生理和心理上的需要得不到满足，情绪消极，表现出孤僻内向、失落自卑、自私冷漠、脆弱，或焦虑、任性、极端、暴躁等性格特征，有的甚至存在叛逆怨恨情绪。据调查反映，留守儿童在受到挫折时，有 4.7% 的孩子感觉生活没意思，甚至有 0.5% 的人产生过自杀念头。虽说这个比例很小，却不可轻视。

一年中有这么长的休闲时间，但在缺少家长、老师引导的情况下，很可能影响到一批人，将来对家庭乃至社会将产生不良后果。所以，学校一定要注意休闲辅导，让孩子健康成长。那么，作为学校，应如何开展休闲辅导呢？

## 三、初探“休闲”辅导

### （一）充分认识学校开展休闲辅导的重要性和必要性

将休闲辅导纳入中小学教育体系不是一件新鲜的事，早在1918年，美国“全国教育协会中等教育改造委员会”在《中学教育的基本原理》中，就确定了休闲辅导作为学校教育的目标之一，它是“闲暇时间的善用，教育应使个人从其闲暇生活中获得身心休息和愉悦，并充实其精神生活，发展其人格”。可见，休闲辅导的最终目标是与学校教育目标一致的。

### （二）了解休闲辅导的基本特点

1. 非功利性。休闲辅导不只是追求有用，更是追求幸福的教育。它重视个人在休闲生活中的乐趣感受，是一种近乎无所为而为的闲情逸致；是追求一种浑然忘我的，与他人分享的、与自由同在的开阔胸襟和幸福感受；是一种自由自在的享受。在休闲活动中，常有历险的紧张和获胜的兴奋，亦可体验自我实现的喜悦与满足感。

2. 自主性。休闲辅导贵在人的自觉，由于休闲是个人自己自由支配时间，自由行事可以从事有益的休闲活动，如健身、欣赏音乐等；

也可以从事有害的休闲活动，如赌博、打架、迷恋游戏机等。这就要求个人对自我选择、自我负责。约束自己的活动，既有益于自己，又有益于社会；不能放纵自己，无视个人对自己、对他人和对社会所负有的责任。

3. 生活性。休闲辅导强调学习生活比学习工作更重要，现代教育的宗旨在于学习如何生活、充实人生、发挥生命的价值，而不仅仅是专业知识与技能的训练。休闲辅导所重视的不是物质方面的享受，而是精神生活的内涵，使个人经由自我教育，更能懂得享受生活。

4. 内隐性。休闲辅导是潜移默化地进行人格熏陶。它没有特定的场所，大自然就是推广休闲教育的教室；休闲辅导没有固定模式的课程教材，也没有严格意义上的教师。万物苍生都可以作为休闲辅导的教材，它是要个人在休闲活动中，在与自然、与他人互助中学习有关待人处事的态度、信念、价值和情感，是一种隐性的人生经验。

（三）休闲辅导开展的方式

1. 交流休闲要灵活开展，让休闲深入孩子心灵。什么是休闲？这对孩子来说是模糊的。而留守儿童的家庭“休闲教育”是空白的，因此，学校可以通过各种途径让学生了解休闲生活的含义，让休闲深入孩子的心灵。

（1）营造良好的校园文化。我们注重让校园内每一块墙壁说话，每一棵树木吐情，创造全面的、丰富的，有益于学生身心发展和形成正确休闲价值观的校园文化，使学生休闲活动的所有领域都成为健康、优质的文化领域。

（2）学校可以开设一周一次的活动课，以“自学、自律、自强、自护”为重点，从科技、读书、劳动、交往、艺术等内容入手进行辅导，正确引导学生合理安排闲暇时间，提高休闲生活质量。同时以“自娱，自乐”为辅导，教给学生一些简单有趣的游戏。通过生动活泼的活动形式，师生共同讨论休闲生活内容及方法，交流生活经验，切磋生活技能，展示休闲生活成果等，取长补短，拓展闲暇生活视野。

（3）引导学生自编小报。办报的功能是丰富多样的，它既能培养学生多方面的素养和技能，又能丰富他们的休闲生活内容，而且还能充分展示和交流学生的闲暇活动成果。小报可以是手抄报、黑板报，可以班级为单位，也可以学校为单位。通过编小报，可以使其个性得以充分、自由地发展。

2. 把休闲还给孩子，让孩子心灵自由放飞。现在很多家长认为孩子能在家安静地待着就是听话的，就是乖孩子，特别是老年人。其实不然，要孩子有正常的闲暇生活，家长就要真正还给儿童自由，大胆让孩子们自己选择要过的生活，不要怕孩子们疯和玩，不要怕孩子们在户外游戏，这绝不是在浪费时间，只要孩子们觉得开心至极，整个情感和身心都忘我地投入，具有“真是太妙了”“真是一次了不起的经历”的感觉，就是一种有意义的休闲生活。作为教育者，要将休闲选择的权利交还于儿童，培养儿童做选择的能力和主动性，因为留守儿童特别希望别人看重自己、尊重自己，可能幼小的儿童不会选择较好的休闲活动，但这种选择的主动性和选择的意识很重要，儿童长大一些后就会将休闲活动与自己的兴趣爱好联系起来，而到青少年时期就会将休闲与个人的生活目标联系起来，只要他具备这种主动选择的能力和意识，他们就会成长。正如“给孩子10个桃，不如给一把剪刀，教给他学习摘桃”。大人如果一味替孩子选择休闲生活，替他们安排一切，儿童就永远学不会主动选择自己的休闲活动。所以学校的班主任老师要多家访，将这一观念渗透给家长，让家长放心地把休闲时间还给孩子。

3. 在活动中辅导休闲生活，让孩子快乐成长。休闲不等于盲目地游戏和玩，更不是某种娱乐形式，而是一个通过自由的时间安排使自己充实和有意义的过程。休闲的特点是主动和自由选择，并在其中感到愉悦和收获。而丰富多彩的课外活动这一载体正好满足这一特点。它是为学生的休闲生活提供帮助的十分有效的途径，是学生由课堂走向休闲的桥梁。学生在课外活动中习得的种种技艺和能力往往能在其休闲生活中发展。

（1）设计个性化休闲生活方案。留守儿童在心理上有独有的特征：放纵、孤僻、抑郁、自卑、偏执、独立性强、过分自信等。因此，在设计方案时应考虑到他们的心理状况，设计不同的有童趣、有创意的休闲生活方案。（方案内容可以向教师、家长、特别是学生征集）我们提供了十个字：剪、贴、画、说、折、看、做、唱、跳、玩，由学生自由选择。并将优秀的方案在小报上进行刊载，在广播里进行宣传，或在休闲生活辅导课上进行交流。如“体验做一回老师”“家庭健身热”“制作一个布娃娃”等，对于学生想出来的玩的点子，老师要鼓励学生：去玩吧！这能极大地丰富学生的闲暇生活内容。但是，在开展休闲活动时应符合以下三个原则：

① 有益原则。即所开展的休闲活动既有益于自身心健康与全面发

展，又不给他人与社会带来危害。

② 经济原则。即开展休闲活动时，以自己的财力能力为限，不赶时髦，争取花较少的钱而获得较大的满足。

③ 安全原则。即开展休闲活动时，既要考虑自己的身体情况量力而行，又要考虑场所的安全，既慎选休闲场所，又慎择友伴。

（2）组建个性化休闲生活小队。留守儿童由于长时期没有和父母相处，与别人沟通交流得很少，容易形成孤僻的性格，因此，我们很有必要让留守儿童享受团队生活，培养他们的合作意识。这样的生活小队是根据学生居住情况，打乱班级，让孩子们根据自己的意愿、兴趣、爱好，选择自己情投意合又住得较近的小伙伴自愿组成相对固定的小队。每个假日，小队民主选出值日队长一名，负责召集和联系工作。值日小队长由队员轮流担任，谁设计出的小队活动方案被大家认同，本次小队活动就由谁来主持，假日“小队长”标志就戴在谁的肩上。这样人人都有表现的舞台、锻炼的机会，充分体现了学生在休闲教育中的主体地位。还可以根据活动的特色，取不同的、有创意的名称，如“读书俱乐部”“爱心小队”“清洁小队”“梦幻组合”等。在这样的小队当中，不但使学生提高了交往能力，增强了他们的合作意识，而且相互启迪了智慧，形成了互补优势，有效地丰富了休闲生活形式，提高了学生休闲生活质量。为了充分发挥学校对于休闲教育的指导作用，参与休闲生活指导的教师可以“大朋友”的身份，参与某个地区的假日小队活动。在这里，教师已不是传统意义上的“教师”，而更多的是学生的合作伙伴，他们以不指令、不包办、不强求、不权威、不评价——“五不”为原则，作为普通的一员参与休闲小队活动，负责必要的安全保障和突发事件的处理工作。活动中，教师以休闲的理念、休闲的品质、休闲的方式潜移默化地对学生产生着影响，让休闲活动成为师生共同的律动。休闲小队定期举行小队间的汇报交流活动，一方面为孩子们提供了展示休闲活动成果的舞台，另一方面也为促进假日小队活动的正常开展提供保证。

（3）组织多种培养休闲生活能力的兴趣小组——让每一位学生培养起适合于自己个性的爱好。城镇孩子在平时可以参加不同的“特长班”，而农村孩子却不能。但是，休闲教育并不等同某一特长，它必须是学生自己感兴趣的。所以开展丰富多彩的课外兴趣小组十分必要。其内容可以涉及休闲生活的方方面面：读书类、文学类、才艺类、健身类、科技制作类、生活技艺类等，只要学生有需求，学校就尽量开设相应的兴趣小组。这样，让学生在与志趣相同的小伙伴的切磋交往中，在有一技之长的教师和家长的点拨下，获得休闲生活的能力。例如，利用学校的体育设施，开展足球、乒乓球、羽毛球、篮球等健身活动；聘请校内外辅导员，培养一批民乐、书法、美术爱好者；成立“写作小组”，让他们走近大自然，亲近大自然；等等。

（4）开展“体验闪闪亮——露一手”“我真棒”等活动。学生的成就需要别人肯定，特别是留守儿童，他们的抑郁、自卑心理可以在别人赞颂、羡慕的眼神中消失。由学生主动报名，展示其在休闲活动中学到的一技之长，各班在每周的晨会上专门安排时间，每次让两名学生上台展示。如此日积月累，众多的学生在师生面前展露了自己的休闲生活才能。与此相类似的活动在各个年级和班级中也广泛开展。而每年的读书节、科技节、艺术节、体育节，则为全校学生充分展示自己的才能搭建了更为广阔的舞台。在这个过程中，把学生丰富休闲生活的热情充分激发起来了。

（5）设计个性化的评价。留守儿童的心理状况往往是不稳定的。因此，学校有必要建立健全“留守儿童”成长记录袋。随时记录他们的具体情况，以便学校能准确掌握每一个学生的具体情况，随时调用、实施帮扶。对于休闲生活的评价，可以根据学生的活动设立各种奖章：爱心章、学习章、劳动章、表演章等。评比以小组为单位，通过自评、互评等形式，让学生正确认识自己。

学生喜欢活泼可爱的评价方式，我们可以评选：“小游戏家”“小巧手”“小百灵”“小天鹅”“小劳模”“小雷锋”“小观众”“小读者”“小编辑”“小收藏家”等，由此吸引他们参加休闲活动，让他们领略成功的喜悦，同时通过他们去感化、带动一批留守儿童，从而更合理地安排休闲生活。

休闲教育中蕴含着无穷的教育力量，只有重视休闲生活的辅导，才能将其潜力充分地挖掘。给学生营造一个适合他们休息、娱乐、成长的闲暇空间，是我们应尽的义务。对留守儿童休闲教育的研究，是“万里长征”迈开的第一步。折得“春风”第一枝，我们走进休闲教育；持得彩练当空舞，我们走向每位学生。真心希望留守儿童能尽早走出自卑、狂躁、抑郁、孤僻的阴影，让他们的生活由单调变七彩，能在快乐中成长！

# 第四辑　诗意地栖息

## 另眼看高效课堂

看到一则故事很受启发，爸爸正在煎鱼的时候，3 岁的女儿跑进厨房，看到锅里的鱼，焦急地说："爸爸，鱼里不要放刺啊！"

我们从小就希望做什么事都顺顺利利，没有困难，屏蔽失败。却不知，鱼刺本就是鱼的一部分，它始终在那里，不会因你的意愿而改变。

联想到现如今我们各校所大力宣扬的高效课堂教学模式，为了追求所谓的高效，老师们把时间计算到了分分秒秒，力求在最短的时间内，让学生掌握最大量的学习内容，千方百计把学生的精力调节到最亢奋的状态。为了提高所谓的效率，把重难点分解、剥离成一块一块的，为的是使学生学得快，课堂上思维不受阻，教学效果出色，学生学习反馈效果好。看到这里我想，这种做法与吃鱼的时候，父母把刺挑出来，让孩子顺利地吃到鱼肉有什么区别？其后果是，长期在这种状态下吃鱼的孩子，即使他长到20岁，也会在自己独立吃鱼的时候，常常让鱼刺卡住自己的脖子，从此对鱼敬而远之。

知识是人们长期经验的高效总结与提炼，其中的难点和学习过程中的艰辛是客观存在和难以避免的，不会因为老师的见山开路、遇水搭桥而消失。如果在所有课堂中，我们老师都是以这种快速帮助学生消化重难点的方式教学，最终断送的是学生对知识难点的自我钻研与消化能力，这对于一个需要终身学习的现代人来说，将是致命的打击。

课堂需要高效吗？当然需要，但这种高效不是在一节课的短时间内追求教学容量的最大化。一个人从幼儿园到大学，他要经过近20年的漫长求学生涯，上数以万计的课，用得着这么追求效率的最大化吗？再说，知识是无穷无尽的，关键是培养学生一种自我学习的能力。试想一下，一个小孩，或者说，即使是一个大人，长期在一种高节奏、高容量的状态下，长年累月不间断地学习，他受得了吗？我认为，高效课堂应是每一节课上，师生都有所得，这个“得”可以多，当然也可以少，可以是知识方面的，更可以是思想和心理方面的，只要师生都有所收获，课堂就是高效课堂，包括学生对一些知识进行钻研过程中的错误和失败，同样是一种收获。不积小步无以至千里，追求有所得的课堂，比追求快节奏的课堂更有长远意义。

教育是农业，不是工业，教育不是设计、制造商品，而是一个启发、引导、唤醒和慢慢等待的过程。立竿见影、快节奏对教育来说从来都是一个笑话，那些在教育工业化背景下成长起来的、催熟出来的学生，必是发育不良、毫无创造力的庸才。

## “三心二意”的幸福

最近在看一本书，书名叫：《做一个幸福的教师》。

书中所说的“幸福”究竟是什么？书里的“幸福”是怎样体现出来的呢？带着问题，我进入书中去寻找我想要追寻的答案。

这本书是多篇演讲稿的实录，整本书都围绕着一个词——幸福。

阅读着书中的自序：“上小学和初中的时候，我是个欲言又止又挺害羞的学生。那个时候，如果说我将来会在全国很多地方讲演，肯定不会有任何人相信。看来，人是不断发展且能改变自身生命走向的。”阅读至“生命不断飞跃”章节时，我注意到这段文字：“我们每一个生命个体，不能停留于既有的生命状态，而要在不断努力中，实现自己生命的不断飞跃……”逐渐，我知道了，幸福，是在不断学习、历练中拥有丰盈而充实的人生！

随着品读的不断深入，我明白了，幸福，是拥有了这样的“三心二意”。

信心：相信自己，相信自己所在的集体，相信每一位学生，人之所以能，是因为相信能；决心：对待事情要学会坚持和忍耐，面对事物要有坚定、长久不变的意志；真心：用真情对待所有的人和事，“桃李不言，下自成蹊”；创意：面对工作和生活有创造性的想法和构思；乐意：发自内心地热爱自己的职业，要知道，内心的快乐，外化出来就会是一道亮丽的风景。

有了这样的“三心二意”，我们的工作和生活注定是幸福的，注定是充满欢声笑语的。而当笑声和教育同行时，一切都将成为可能。我们会是有幽默感的、有趣味的、有激励能力的、热情的、出色的幸福教师。这样的老师，不光能创造性地做好教育教学工作，更重要的是，会带给学生们一生的快乐与智慧。我想，这应该就是为人师者的最大幸福吧！

## 教育需要倾听孩子的心声

有一次我到一所学校听课，讲课的内容是二年级数学《几分之一》。上课的老师很年轻和精神，教学功底也很好。一开始，没用多少时间，便把几分之一的意义和表示方法讲解得透彻明白，然后他又设计了一个情景练习：阳阳生日这天，家里人为他准备了几个蛋糕，一个蛋糕平均分成了 2 份，每份是多少？一个蛋糕平均分成了 3 份，每份是多少？一个蛋糕平均分成了 8 份，每份是多少？问题出来后，几个学生顺利地得出了二分之一、四分之一、八分之一的答案。为了便于学生理解，他还把这几个分数所表现的实物蛋糕图投影在黑板上。接着他又提了一个问题："同学们，如果今天是你生日，你会选择哪块蛋糕呢？为什么？"问题一出，学生纷纷举手，老师点了一个小男孩回答，小男孩胸有成竹地说："我会选二分之一这块蛋糕，因为它大些。"其他学生也纷纷点头默认，老师又追问："你不喜欢哪块呢？为什么？”又有一个学生抢答，“我不喜欢八分之一这块，因为它最小。”老师高兴地点头称赞，“很好，大家都会比较分数的大小了”。

这个时候，坐在教室后面角落的一个小女孩怯生生地举起了小手，老师问：“小朋友，你还有什么问题吗？”小女孩很羞涩地说：“老师，我想选八分之一的这块蛋糕……”她的话还没有说完，下面的同学一阵哄笑，老师也有点不高兴，示意她坐下，然后继续讲下面的内容，看到这里，我有点坐不下去了，便起身到走廊去看看校园的风景。

下课后，我找到了这位女孩，我微笑地问她：“小朋友，刚才你为什么选八分之一这块蛋糕呢？能告诉老师你的想法吗？”她含着眼泪，愣了半天才说了句：“老师，我想把大的蛋糕留给爷爷、奶奶吃。”多么美好的回答啊，可上课的老师没听到，她的同学们也没听到……

如果刚才这位教师能倾听一下小女孩的心声，这将是多么美好的教育契机；反之，这样的漠视是对孩子多么大的伤害啊！这让我想起了苏联著名教育家苏霍姆林斯基在他的著作《爱的教育》中记载了这样一件真实案例：校园的花房里开出了一朵最大的玫瑰花，红艳艳的花朵就像一张可爱的婴儿的笑脸——你肯定从来没见过这么大、这么美的花儿！全校的同学都非常惊讶，每天都有许多同学来看。这天早晨，又有许多同学来观赏玫瑰花。他们一边看，一边赞不绝口。这时，来了一个三四岁的小女孩，她径直走向那朵最大的玫瑰花，摘下来，抓在手中，从容地向外走去。

同学们惊讶极了，有的非常气愤，有的甚至要上前制止那小女孩。正在旁边散步的苏霍姆林斯基看到了，走过去，弯下腰，亲切地问小女孩：“孩子，你摘下这朵花是送给谁的？能告诉我吗？”

“奶奶病得很重，我告诉她学校里有这样一朵大玫瑰花，奶奶有点不相信。我现在摘下来送给她看，看过后我再把花送回来。”女孩害羞地说。听了孩子天真的回答，同学们不语了，教育家的心颤动了。苏霍姆林斯基牵着小女孩，从花房里又摘下了两朵大玫瑰花，对她说：“这一朵是奖给你的，你是一个懂得爱的孩子；这一朵是送给你奶奶的。”

这个故事长久地激励着我，我幻想着我们的教育生活中能有这样的美好。一花一世界、一叶一菩提，任何对人的教育活动，首先，都要从倾听受教育者的心声开始，倾听他们的话语，倾听他们的弦外之音，倾听他们对世界的理解和对未来的梦想。唯有如此，才能更好地走入孩子的心灵深处。

## 教育不能全靠兴趣

伟大的科学家爱因斯坦说过："兴趣是最好的老师。"不错，有了兴趣，学生就能更主动、更认真地参与学习，新课改实行这些年来，我们对这点的认识开始更加深刻，于是大家一哄而上，不分学段，不管学科，不管课型，不管知识点怎样，反正学生怎么感兴趣怎么上，学生怎么高兴怎么上，"乐学""玩中学"等教育理论开始在神州大地遍地开花。热闹之余，我们也要反思，我们的教育教学如果全靠兴趣，对学生的成长真的有益吗?

游戏和活动所产生的兴趣是短暂的。在一些教师的课堂上，我们常常看到设计形式多样的游戏和活动，或者通过对题目进行包装，激发学生学习的兴趣。固然，这可以改变传统教学"冷冰冰"的面孔，增添课堂教学对学生的"亲和力"。但时间长了，学生就习以为常，再想用这些来调动学生注意力就很难了。其实，学习中更长久的兴趣，来自问题本身的吸引力，即用问题激活学生，让学生体验思考的酸甜苦辣，享受智力活动的振奋与愉悦。课，不能仅仅是“好看、好玩”。课堂中，不仅仅是表现，更重要的是在表现的过程中实现教育与学习。表现是“过程”，实现是“结果”，有过程，亦要有结果。

一味追求教育教学中的兴趣因素，会把教育引入娱乐化的歧途。对于新时代的学生来说，我们的确需要用学生更加容易接受的形式来教授知识、传递思想。但是，笔者认为，并不是所有的知识和道理都可以用娱乐化的方式来让学生学习。至少在一些理科的学习和道德思想的教育中，就应该是严肃的、说理的、联系实际的。教育不能偏入娱乐化歧途，不能什么教育都要“寓教于乐”，什么教学都要“轻轻松松”。在反对灌输、说教的动议下，让学生变得一做游戏、一搞活动就来劲，一到讲解、一提勤学苦练就瞌睡。这样的社会效果是很可怕的。生命需要快乐和自由，但人生也需要敬畏和约束，缺乏敬畏和约束的快乐与自由，一定是短暂的，其最终结果将会是更多的悔恨和痛苦。

理想、希望和意志可以说是决定一生荣枯最重要的因素。教育如果不能启发一个人的理想、希望和意志，单单强调学生的兴趣，那是舍本逐末的办法。只有以启发理想为主、培养兴趣为辅时，兴趣才能成为教育上的一个重要因素。

## 半边屁股坐在讲台上

新学期，告别了日夜挑灯备考的中学讲台，调入了城郊的一所小学，在外人看来，这也许是一种逃离和怯弱。

身边的孩子更小、更可爱啦。

一日课间，匆匆赶往学校办公室，正准备一脚迈上台阶，倏地，又悄然缩了回来。只见一孩子，五岁多的样子，悬坐在台阶边，一半屁股坐在台阶上，一半就空悬在下级台阶之上，双脚一高一低、一远一近，一条鼻涕虫蜷缩在嘴唇上方，这一切他全然不顾，所有心神都落在拍着“画片”的小手上。拍着拍着，一下又一下，不停地拍，脏脏的小手泛着红印，他似乎根本没注意到旁边已站着一位老师，且正关注着他。多可爱的一个孩子！

前日饭后，我正与校长在操场上商讨事情。耳边不时地传来学生打闹嬉戏时所发出的嘈杂声。校长蹙着眉头，转头望向那群学生，严肃地问："这是哪个班的？"我明白虽然他没直接让我去查究这是什么原因，其实已向我发出了暗示，我急忙把学生撵进了教室。一边看着学生耷拉着脑袋，一脸不情愿的样子，我一边有着一丝丝自责。

从第一天走上讲台，至今我一站就是十多年了，接触了许多教育大家，拜读了大量的教育专著，更向扎根基层天天与学生打交道的资深老教师、老班主任学习取经。了解得越多，学习得越多，我却越来越盲目、困惑，甚至痛苦：我们常常自认为坚守的大道，为什么让学生如此厌倦、痛苦？

一个个多么天真、活泼、快乐的小孩，却在一系列规范的"囚笼"里变得软绵、驯服、死气，这是教育之幸，还是不幸？

我时常也在回顾，在反思：从教学的十几年来，我快乐吗？幸福吗？我麻木了。一届换一届，一堂课一堂课地轮换，一个名字一个名字地更替，我却无法记忆！如果作为一名老师都无法快乐、幸福，那么我们又怎么教出快乐、幸福的学生呢？

其实，我们的教育一直在变，一直在改，变了、改了，但真的让学生快乐了，幸福了？每当看到学生一个个蹙着眉、耷拉着脸，我时常讨厌自己的无能、自己的笨拙、自己的僵化。

我们的教改，不能像苍蝇，好不容易飞出去，最后还是飞回了原点；不能像杯中的茶叶，水击缭绕、水静茶沉，起与终一个样。要学习翱翔天宇的苍鹰，飞则一往无前，立则铮铮铁骨。

何时我们的教育像那半边屁股在台阶上的孩子一样，简单、自然、专注与快乐，我们的教育就有了希望！

## 孩子，这真的不重要

这几日孩子们期中考试，太阳公公也来凑热闹。太阳像一个熊熊燃烧的大火球，气温骤然上升，似乎要把人们体内的水分烤干。顶着烈日，我在孩子们第一场考试结束前来到学校门口接女儿，想给她一个惊喜，也算是对女儿经常眼热班里同学有家人接送的弥补吧。十一点四十分，孩子们叽叽喳喳地从学校门口涌了出来。第一场是数学考试，孩子们有喜有忧，表情各异。有的兴奋地对着答案，互相评判着对错；有的脸上带着笑，一副自信满满的样子；有的紧皱眉头咬着嘴唇，眼睛里写满遗憾，似乎在责备自己："那么简单的题怎么会做错呢？"

一群又一群孩子从眼前走过，终于，斜挎着书包的女儿一摇一晃出来啦！白色遮阳帽几乎压着她的眼睛，她脸上一副漠然的表情。难道这小妞已经修炼到"不以分数论悲喜"的境界了？当女儿抬眼看到我时，眼里充满了泪水，我连忙搂着她的肩膀，轻声问道："怎么了？不开心呀？无精打采得像个被打垮的兵。""我就是被打垮的兵，被'运动会的日期'打败了。"大概来到了爸爸的怀抱里，孩子一下子就把心情全放到了脸上，开始诉说自己的委屈。"老爸，我做错了一道题，是计算运动会日期的。典型的'两端种树'题型，我怎么会多减去一天呢？我好难过！"看着女儿，我不禁笑着逗她："是为没有得到满分难过吗？"她低着头没有作声，我轻轻地拍拍她的背："只要知道错在哪里，下次肯定不会再错了。在考试中出现的错误，记忆一定特别深刻，以后再也不会做错这样的题型，是不是？"看到女儿在认真地听我讲，我意犹未尽地说："对于考试，正因为我特别渴望你取得好成绩，所以我才绝不向你要分数，满分对爸爸来说，真的不重要，重要的是你通过考试来真正发现自己学习上的漏洞和不足，并为之进行弥补，这才是最重要的。"

虽然说这样的话有矫情的嫌疑，虽然每个家长都希望自己的孩子在考试中名列前茅，我也不例外，但多年的教学生涯让我深深体会到：为了得到我们引以为傲的满分，孩子和他们的老师就要在一些细枝末节的问题上训练再训练，浪费很多的时间和资源，就为不出小错。相当于在一块地施了10遍化肥，最后学生的创造力都被磨灭了。

记得一位老师曾经提出过一个"第十名效应"，大意是说小学期间前几名的"尖子"生，在升入初中、高中、大学乃至工作之后，有相当一部分会"淡出"优秀行列，而许多名列第十名左右的学生，在后来的学习和工作中竟很出人意料地表现出色。我想他的意思并不是要告诉我们，考第十名才正好，而是说冲着满分去的孩子把太多的精力放在课本内容上，也许忽略了书本外的大世界，无形中抑制了自己的潜能和创造力的培养。而成绩平平的孩子，他们会念书，却不是把所有时间都用于念书，从而有精力去培养自己各方面的能力和爱好，很多人会在未来的事业上崭露头角、出人头地。

允许自己犯错，不害怕犯错，错误犯得越多，思考就越多，对于事物脉络的把握就更为清晰，离成功也就更进一步。经得起挫折、受得了冷落、坚持得了自我，这些宝贵的品质已经远远超越考满分所能带给人的暂时的荣耀。

## 坚守平凡，追逐梦想

还记得刚毕业参加工作的那会儿，和大多数年轻教师一样，憧憬着远大的教育理想和诗一般的教育梦想走上了神圣的讲台，然而在现实的磨砺中开始逐渐消沉平庸。很多时候彻夜辗转反侧，内心时刻在质问自己，当初的梦想是否应该坚持？顿悟之后，我告诫自己可以做一名平凡的教师，但不能做一名平庸的教师，追逐自己的教育梦想，不在乎成功与否，只在乎自己一路追逐的体验与快乐。

### 追逐爱和信仰

多少次在“下海”打工潮的物质诱惑面前，踌躇徘徊：“我该何去何从？”

什么是教师的信仰？首先就是对教育事业要有一份虔诚与坚守。

我们现在处在一个价值多元的时代，在我看来，我们也处在一个价值迷失的时代。急功近利的人太多，脚踏实地的人太少，在这个什么都求快的时代，教育也变得步履匆匆、跌跌撞撞。多了一份浮躁急切，少了一份宁静慢行。教育的本义是唤醒和生长，它是一份慢的事业。它并不一定需要“航母”“战略”“扩张”“合并”之类霸气十足、带点虚火的豪言壮语，也不一定需要像包装明星一样过度过量催生“名师名校长”。真诚的教育需要每一个教育工作者在俗世中脚踏实地地虔诚坚守，如蒲草磐石；在寂寞中心平气和从容沉潜，如静水深流。

再者教师的信仰还体现在爱学生、爱事业上。教师的事业，是爱的事业。是以精神振奋精神，以人格影响人格的职业。热爱孩子就要用整个心灵来拥抱孩子，坚持把最好的东西给予孩子，没有终点。这也不仅仅是“敬业”“勤奋”两字可以涵盖的，更多的是一种人性的亲和与责任感，更多的是享受这份独一无二的职业带给我们的神圣和甜美。

## 追逐道德品行

两千多年来，一代又一代的中国知识分子遵循“穷则独善其身，达则兼济天下”的处世哲学，可以说，它铸就了一代又一代中国知识分子的人格心理。

教师要修身，不能失掉知识分子的自尊。作为一个知识分子，我们要重义轻利。现在社会上有些教师在正常教学中没有精神、没有兴趣，藏着一块、掖着一块，搞起课外辅导来，却是活力四射、激情万分。教师们应该清楚：如果总是“身陷”该不该收礼、算不算抄袭、能不能兼职、为什么不能搞外快这样的“全民讨论”之中，那么，这样不仅得不到尊敬，还会被普遍地鄙视、轻蔑、小瞧；只能得到潮水般的批评与指责。仅仅靠金钱、福利、待遇，支撑不起教师的尊严，并不能体现教师的价值，因此现在的教师要学习老一辈的优秀教师修身养性、淡泊名利，坚守清贫与自尊，真正做到身正为范、德行高尚。

教师要有同情心，要有对“人性美与人情美的感悟”之心，教育首先要培养有善心、有同情心的人。要教会学生学会感恩，学会同情，学会爱自己的祖国，爱弱小的他人。我喜欢有“同情心和爱心”的学生，不喜欢“世故”的学生。有模范教师作报告，讲家人患重病住医院抢救，而该教师坚守岗位最终没能见到亲人最后一面，我想愤而质问：“我们教育的目的是什么？便是培养这样没有人性的人吗？”这样的人，怎么配做教师？成人比成材重要，教心优于教书；教心可以成人，成人就是达己。

## 追逐深厚素养

闻一多在西南联大教授楚辞、唐诗、古代神话三门课程，三门课都不是很好上，比较枯燥。但他的课非常“叫座”。不仅文学院的学生来听讲，连理学院、工学院的同学也来听。而西南联大的工学院在拓东路，文学院在大西门，听一堂课得穿过整整一座昆明城。

有人说，教学是一门艺术。我说，教学绝不仅是艺术二字尽能阐释的，判断教学能力高下的决定因素是教师的功力、底蕴。教师，要有一点书卷气，对一个教师而言，读书就是最好的备课，不读书的教师会沦为简单的劳动力。学校是读书的场所，是书籍的王国，以“教书育人”为职业的教师，理应是一个读书爱好者，只读教材和教参两类书的老师绝不可能成为一个优秀的教师，教师必须成为一个堂堂正正的读书人。读书贵触发。触发是感悟，是联想，是由此及彼的思维，它不是一般的吸收信息，而是读者与作者心灵碰撞之火，是读者个性化的阅读和思维的结晶。读书时触发越多，收获越多。教书—读书—写书，是一个成功教师必走的三步。

## 追逐个性思想

“我美丽，因为我有思想。”教师如果没有思想，那么，“学校便只能教出一群精神侏儒，只能培养驯服的思想奴隶”。

教师、教学要有个性，有人说，中国教育的最大失误，就在于把千差万别的学生教得千人一面，因为所有的老师也是千人一面。那么，老师们怎样在并不宽松的环境中培养自己教学的个性呢?

面对一些繁文缛节的形式主义评估，教师不必曲意迎合。例如老师的备课，似乎写教案就是备课，而且有严格规定的格式，教学目的要求、导语等缺一不可，“依葫芦画瓢”的备课实质是在抄教案。本质上讲，教案只是备忘录，它不应拘泥于任何形式，它可能就是一篇创新论文，而事实上，博览群书才是教师最有效的备课形式。

学习是个性的源泉，离开学习奢谈个性只是空中楼阁；思想是个性的动力，教师要有民主、开放的思想，这是形成个性必不可少的条件；创造是个性的升华，教师的教育教学要有创造性，通过教师个性的展示，让课堂不断迸发创造力，使学生成为一个有创造力的人，这是教师个性的最大价值。

个性的教学需要我们不拘泥于成法。我曾听过两个老师的创新课，讲“三视图”，一个老师用多媒体讲，在电脑里面设计了很多图案，讲得很生动。可学生的表情还是很茫然，听不懂。另一个老师就拿了一个三棱体来讲，直观具体，几句话讲得清清楚楚。尤其令人叫绝的是，他讲声波、声调的变化，就地取材，从学生的饮料杯里取了一根吸管，一边吹，一边剪，吸管越剪越短，从吸管里发出的声音也越来越急促。如此形象生动地讲述教材，学生怎能不听得如痴如醉呢？从这里，可以看出生活经验和社会阅历对教师教学个性的影响。

## 追逐灵气睿智

做一个睿智的老师，即做一个有智慧、眼光深远的老师。因为一位教育家说过，缺乏智慧的灵魂是僵死的灵魂，若以学问来加以充实，它就能恢复生气，犹如雨水浇灌荒芜的土地一样。

睿智的老师在教育教学中，勤想方法，大胆尝试新方法。上海的万玮老师创造性地把古代的《孙子兵法》《三国演义》《论语》，甚至现代毛泽东的军事思想理论都恰到好处地运用在教育教学管理上，创立了一部班级管理的“班主任兵法”，他就是一位睿智的老师。还有洋思中学“生教生、兵教兵”的教学理念，也是老师在解放自我上的一个睿智尝试。

平凡教师，平凡的教育梦想，我会为之奋斗终生，矢志不渝。

## 我希望有这样一种"获得感"

"获得感"一词在《辞海》中的意思是获取某种利益后所产生的满足感。它的迅速流行来源于习近平总书记在中央全面深化改革领导小组第十次会议上的讲话，多用以指人民群众共享改革成果的幸福感。

教育是为了人的幸福。教师，是一个特殊的职业，它关乎心灵，关乎生命，关乎成长。因此，教师的获得感深深地关联着学生的快乐成长。唯有老师拥有持久的职业获得感，才能在教育岗位上迸发出无限的教育热情和教育智慧。因此，我们每一所学校都要认真贯彻习近平总书记的讲话精神，实实在在让教师拥有更多的"获得感"。

人文关怀，让教师拥有幸福感。学校要多方面提升教师职业的幸福指数，教师上下班、因私事患病请假、接送小孩上下学都应采取灵活的人性化处理方式，尽可能满足教师的需求。行政、工会要经常开展一些文体活动，丰富教职工业余文化生活。遇到教职工生日，在一周工作安排表上要表示慰问，送上温馨祝福；当老师生病、生育、家属重病住院，党支部、行政、工会要及时上门慰问，嘘寒问暖，帮助解决后顾之忧；当老师因重病住院、诊疗费用高，出现经济困难时，学校要专门向上级部门反映情况，积极争取补助，一定程度上缓解教师的困难。

问计于师，让教师拥有自豪感。学校要充分尊重教师的主体地位，办公室门前可以挂上所有教师的“全家福”照片，校门口值周岗、楼道值日岗都贴上教师的照片。每每看到自己的身影靓照，教师内心会得到一种归属感，提醒自己是学校的主人，尽主人责任。学校要发挥教师的主人翁积极性，凡有重大决策必先征求老师们意见，通过教师代表大会民主协商、举手表决后再实施。每一所学校都要广泛征求意见，经过全校教师投票，通过本校办学章程，为今后走向制度化建设，以章程治教奠定基础。

多元激励，让教师拥有荣誉感。学校要在校门口醒目处张贴校级名优教师风采榜，设立该校善行义举榜，制作该校“十大美丽教师”事迹展览，这样既能传递正能量，也能引领教师不断上进。还可以利用举办草根论坛的形式让优秀教师上台“华山论剑”，晒一晒教育经验，让教师更“吃香”。可以举办“智慧之韵”教科节，开展校内讲课比赛，让青年教师脱颖而出。大力推荐优秀教师参评市名师、最美教师、十佳教师等，使教师获得更高更多的荣誉。

助推发展，让教师拥有成就感。学校要多举措关心教师专业成长。应积极承办各级教研活动，给教师搭建施展才华的舞台，让他们冒尖。采取请进来的办法，邀请专家来校作报告，请外校优秀教师作专题讲座，让老师们有所思、有所得。采取“走出去”的办法，舍得花钱组织全校教师分批赴教学经验先进的江浙等地学习观摩，取人之长。加强校本研训，发挥备课组集体力量，同伴携手互助，促进教师专业成长更上一层楼。“培训是最大的福利，专业成长是最大的实惠”要成为全校教师的共识。

心理调节，让教师拥有平和感。现代诗人何其芳说：“凡是有生活的地方，都有快乐和宝藏。”这是一个永恒不变的真理，而拥有这份快乐和宝藏的法宝就是要有一个良好的心态。获得感总是相对的，获得感也是一个易碎品，不同的期待、不同的标准会有完全不同的感受。说到底，获得感需要一种平和的心态才能拥有，如果心态失衡，那么看什么都不顺眼，做什么都不开心，始终也不会觉得有获得感。我们要让教师以平和的心态面对教学的压力，以平和的心态面对外界的诱惑。随着社会和经济的快速发展，现今的社会已经成为经济型的社会，人们的生活处处离不开钱。虽然，教师们每天都在从事着繁重琐碎的工作，要付出自己很多的体力和脑力，还要更多地付出自己的情感，但得到的却不是很多。如果教师没有一个平和的心态，那将会心理失衡，从而无心于教育教学工作。平淡也是一种获得，拥有了平和的心态，获得感就会长驻你心田。

有一种幸福叫作“获得感”，这是活出了精气神的“获得感”，人生什么都可以拿走，唯有精气神不能拿走。活着可以累，但不能没有爱；活着可以简单，但不能没有思想；活着可以获得，但更要有“获得感”——我希望的这种“获得感”，有来自物质的，也有来自精神的。是普通教师的存在感、安全感，也是人民教师的责任感、信任感。是更稳定的工作、更满意的收入、更舒适的居住条件，也是阳光、空气和水。是一个人的偷偷乐，更是一起开心分享、一道奋斗收获的喜悦。

## 师者，倾听者

——读《中国教师缺什么》有感

黄燕教授编著的《中国教师缺什么》是一本探讨中国教师工作状态的书，细细品读后感慨和收获颇多。书中论述中国教师缺的东西很多，缺爱、缺尊重、缺服务意识等，但我从书中感悟到我们最缺的还是倾听。聆听既是一项技术，也是一种艺术。教师一旦掌握了倾听的技能，就能得到事半功倍的效果，教学不仅要求教师做一个头脑清醒的讲授者，还要求教师做一个耐心细致的倾听者，带着深度和智慧倾听，针对获取的信息迅速及时地做出教学决策。叶澜教授说：在平时的教学中，教师问、学生答已经成为常规，但是学生对老师提出的各种问题作出的不同回答，也并非与教师预先估计的完全一致。那么，教师就要学会倾听学生的每一句话语、每一个问题，善于捕捉每一个孩子身上的思维火花。每一次聆听既是课堂中又一次对话的开始，也是思维又一次碰撞的开始。可以说，没有倾听就没有对话，没有对话，就没法开展教学活动。倾听，是教师的一种教育能力，教学从教师的倾听开始。

## 做一个诚心的听众

现实中，无论学生在说什么，教师总在黑板上写着什么，或在找着什么；或发现有个同学在做小动作，打断学生的发言；或学生发言有错、不合教师的意思，强行示意坐下……殊不知，学生在发言时最在意的是教师的态度。如果你仔细观察，就会发现，学生在发言时会不时地望一望老师，此时，教师的一言一行都会影响到学生的发言。因此，学生在发言时，教师一定要专心地听，要有反应地倾听，诚心地听。教师要借助一定的体态语言“传递”我正在倾听的信息，要让学生知道你对他们的话语感兴趣，可以试着和发言的学生有眼神上的交流，目光凝视对方，以自然柔和、亲切为主，教师要乐其所乐、忧其所忧。千万不要背对学生或是在学生发言时写板书，看教案或是做其他事，不要让学生感觉教师对自己的发言不感兴趣。诚心听就要求教育者不仅要有较强的理解力，还要有较强的共情能力，能潜入对方心灵深处，与之同悲欢，使其感到彼此心灵相通。

倾听，不是单向地听对方独白，而是一种双向交流过程，成功的交流有赖于双方积极地参与。教师应捧着一颗真诚的心，诚实地投入到与学生的交流中。要倾听就得多给学生提供发言的机会，用爱去经营学生每一个发言的机会。“爱”是人类最美的语言，没有爱的教育就像晒干的丝瓜，无汁无味。人本主义心理学家罗杰斯认为："成功的教学依赖于一种真诚的尊重和信任的师生关系。"对学生一定要充满爱心、信心，给学生提供锻炼的机会，把课堂的发言权交给学生，让学生享有"我的课堂我做主"的体验。在这时，教师应带着赏识和期待的态度去充分倾听学生。倾听学生，先得赢得学生，而要赢得学生，就得放下架子尊重学生。要尽量从学生的角度来感受他们内心的体验；要鼓励学生多讲；要让学生感受到你愿意听他讲话。对一个学生来说，教师的关注、倾听，意味着对自己的了解重视、喜爱，会带来巨大的温暖效应。这样才能唤醒学生的主体意识，让每个学生的个性得到尊重，尽情发挥学生的聪明才智，使其真正体验到学习的快乐。在民主的氛围中，激发学生主动解决问题的意识，成为学习的主人。

## 做一个热心的听众

在教学中，我们往往会发现这样的镜头：当学生"高谈阔论"时，发言偏离老师的预设答案时，许多教师的选择往往是撇开学生，按自己的教学设想强"拉"着学生向前走。或学生的话被老师"巧妙"地打断，老师马上和学生频繁"过招"，一问一答，旁敲侧击，不断暗示，直到答案被自己一步步托出水面……

如果出现与教师意见不同的声音，教师不必马上制止，因为教师武断、随意的评判，容易给学生造成伤害，在不经意间会将学生好奇的火花熄灭，压制学生表达的欲望，甚至扼杀孩子的创造力。教师要做一个会欣赏孩子的热心听众，安静地倾听，试着让孩子们七嘴八舌、畅所欲言，大胆表达自己的见解。认真倾听，明白学生的真正想法，这样才可以找出真正判断及解决问题的方法，得到学生的认同，拉近师生距离。即使学生的言论有失偏颇，甚至是错误的，教师也不必急着说出，而应多问几个为什么，努力引导学生独立思考。

如果教师在提出问题后，总是急切地引导学生寻求答案，不等回答问题的学生说完，就迫不及待地去启发，或自己说出答案，这种过场式的回答就会造成学生积极性的下降。要知道孩子的心灵是极为敏感的，也许只是教师不经意的一次说教，就可能让一个声音在课堂从此消失，原本属于师生之间、生生之间交流的课堂荡然无存。无论学生的回答是否正确，教师都应站在欣赏者的角度做一个热心的听众，对其给予积极的鼓励和赞美。

一花一世界，一叶一菩提。每个孩子都是一本耐读的书。事实证明，教师要善于蹲下来和学生交流，走进学生的心田，倾听他们的心语。欣赏学生，能够使师生情感共鸣、心灵共振，激发学生的潜能，培养学生健康的情感，健全学生的人格。因此，教师无论身处何时何地，都应该做一个耐心和热心的听众，切忌为了完成教学任务，打断孩子的发言。

## 做一个智慧的听众

老师提出问题后，某个学生发言吞吞吐吐、零碎，如果教师马上又问："谁来帮他回答这个问题？"或急得教师自己说出答案。其实，在教学中我们经常会遇到这样回答问题的学生，那么我们该怎么做呢？仅仅听学生的发言是不够的，教师还应该是一名智　。不仅要倾听学生发言的内容，还要听其发言中所包含的情绪、想法，准确把握学生的思想。我们不能只追求“发言热闹的课堂”，还要追求“用心相互聆听的课堂”。因为，学生的表达能力有差异，有些学生在表达时容易漏掉某些关键性的细节。因此，教师要在倾听时要认真揣摩和分析其表达的意思，推断出学生的意思，真正听出他们的“言外之意”与“弦外之音”，这不仅需要教师细心、耐心地倾听，更需要教师用心领会学生的丰富思维、独特见解，充当智慧的“翻译家”。

教师应善于从学生的发言中了解和获取信息，并及时给予反馈。用微笑或吃惊等表情变化来传达你的赞许或惊讶；也可以用一个动作、一个眼神传达你的鼓励或疑问。生动的反馈，会让学生感受到被倾听也是一种享受！有智慧的教师不仅要能帮助发言的学生，而且也能调动全部学生的学习兴趣。让发言的学生获得成功的体验，也能激发其他学生的创新欲望，促进学生的思考。这样不仅有利于教师的教学，还有利于培养学生的开放思想。

同样是花开的声音，有的人听得到，有的人听不到。日本著名教育学者佐藤学说：“要想让学生学会倾听，教师首先要懂得倾听学生，除此以外，别无他法。”可以说，没有倾听就没有对话，没有对话，就没法开展教师活动。教师的每一次聆听，是课堂上又一次对话的开始。教师要在与学生交流的过程中，善于倾听，用博大的胸襟迎接、容纳那些稚嫩的声音。倾听的过程是艰辛的，倾听的结果则极富有意义。有了教师的聆听，就有了学生自主思考的空间，创新思维就能得以激发，课堂才能充满活力，真正成为学生快乐学习的乐园。让我们一起来倾听学生，在倾听中发展自己，发展我们的事业。

## 教育不是驯养

——读《不跪着教书》有感

我有幸拜读了南京师大附中吴菲老师的《不跪着教书》，被他深厚的文学功底和敏锐的洞察力所深深折服。正如古人所说，师者，传道授业解惑也。教育真正的任务和目的是唤醒，是传递爱，而不是驯养。

教室里，一位二十出头的男教师手里拿着一根木棍，敲着黑板上的生字“云”，毫无表情地问着：“‘云’可以组什么词呀？”话音刚落，孩子们齐刷刷地喊着——“白云”。

“还可以组什么词呀？”教室里骤然寂静无声，一双双无邪的眼睛愣愣地看着自己的老师。男教师接着说：“这也不知道哇，还有‘黑云’。”这一幕发生在二十二年前，那天我刚好路过这间教室看到此景，不禁哑然失笑。现在想起当时的情景，我还真笑不出来。那时，我也刚二十出头，和他年纪相仿，也许只是觉得他这样上课好玩而已。

时过境迁，我才觉得一位老师如果自己没有独立的思维习惯和独立的人格，将会教出一群怎样的孩子？对孩子的一生将会带来怎样的遗憾和严重的后果？

这位男教师所带的班是一年级的孩子。一年级的孩子，该是怎样的活泼，怎样的叽叽喳喳，怎样的想说就说、想喊就喊、想站就站的年龄里。可是这些特性，在这些孩子的身上全然没有。他们只是规规矩矩地坐着，似懂非懂地听老师一个人在讲着“天书”，好似一群“小木偶”，一群没有大脑、没有思维的“小木偶”。我不禁想：是谁剥夺了孩子的天性，使孩子们成了人云亦云、没有思想的人。当然是我们老师。我们的老师总喜欢孩子们围绕他的思路来学习，生怕孩子这里学不好、那里没明白，恨不得变成孙悟空能七十二变，代替孩子做任何事情。殊不知这样一来，孩子的思维能力和想象能力会越来越差，最后甚至会消失殆尽。师者，贵在引导学生，而不是包办代替。中华民族受儒家思想熏陶已久，就连我们的祖宗牌位上都写着“天地君亲师”，可见自古以来，人们对师者的敬畏与尊重。可这种敬畏与尊重随着我们老师的墨守成规、不思进取而变得渐行渐远。我非常赞同吴菲老师所说的——教师的课堂教学应当体现个人风格，有了风格便有了精彩、有了精华，学生便有了兴趣、有了收获。我坚信，有个性的教师一定能教出风格迥异的学生来，听这样的老师上课就是一种幸福、一种成长。

可是现实生活中，又有多少老师不是像上述那位男教师一样，在课堂教学上这样简单地周而复始！谁都清楚，没有思维碰撞的教育扼杀了学生的个性，使他们仅仅成为学习的机器，无法体会学习的快乐和幸福。

这样的教育我们宁愿不要！因为教育不是驯养！如何走出这种应试教育的“怪圈”呢？书中吴菲老师用一个个深入浅出的案例告诉了我们答案：学校要着眼于孩子的终生发展，在课程表和时间表上要做大幅度的调整。在开设的文化课基础上，应增设读书、写字、唱歌、讲故事、英语秀、大课间和阳光运动等课程。这些课程的开设，不但不会影响正常的教学秩序，反而会激发孩子们的学习兴趣，减轻孩子们的学习压力，实实在在地给孩子们带来快乐，也可以真真切切地看到孩子们的成长。

读书课让孩子们修身养性。以我校为例，每周开设了3节读书课。星期二下午第二节课是读书指导课，主要以《综合阅读》这本书为主，教师以范文为例，引领学生正确、流利地朗读文本，教给学生阅读的方法，并适当做些读书笔记；星期五下午第二节课是孩子们自由读书的时间，这可是他们最喜欢、最悠闲的一节课，因为在这节课，他们的身心可以得到完全的放松。至于书的类型，什么样的都有：寓言、童话、文学报告、科普、习作……简直是五花八门。看书是一件好事，喜爱看书是一件难得的事，通过看书养成良好的习惯，形成一定的读书能力，那就是造福万代的事。星期五下午第三节课是读书交流课，孩子们可以把他们看到的内容进行复述，可以讲读书后的感受，也可以交流读书笔记，还可以推荐好书或提出今后读书的建议。总之，读书交流课让孩子们的口头表达能力着实提高了不少。可见，读书课不仅能让孩子们快乐，还能使他们修身养性。“问渠哪得清如许，唯有源头活水来”，孩子们，加油！

写字课让孩子们陶冶情操。每天上午下了第二节课，便是15分钟的写字课。一、二年级以铅笔字为主，三、四年级以钢笔字为主，五、六年级以毛笔字为主，每个年级都配备了书法教师，指导孩子们怎样写字，很好地传承和发扬了书法这一艺术瑰宝，让孩子们在书法练习中陶冶自己的性情。

阳光运动课让孩子们开心、健壮。每天下午的最后一节课便是阳光运动，时间为半小时。阳光运动课开设的项目可谓丰富多彩：跳绳、踢足球、打羽毛球、打篮球、踢毽子、转呼啦圈……经过每天的练习，孩子们的协调能力、平衡能力、运动能力都得到了全面的发展和提高，在各级领导视察和“六一”汇演中，他们的运动项目得到了很好的展示，受到了领导和老师们的高度赞扬，得到了充分的肯定。运动给孩子们带来了无尽的乐趣，更让孩子们的身体得到了足够的锻炼。

除此之外，每天中午的大课间（20 分钟）有 15 分钟是用来唱歌的，在班主任老师的组织下，音乐老师和学校声乐队的孩子分头到各班教唱歌曲，包括唱红歌，唱少儿歌曲，孩子们的识谱能力和学唱能力提高了；每天早操过后，学校还开展了“每日一故事”（5 分钟左右）和“英语秀”（10 分钟）等活动，孩子们的胆量和口头表达能力都得到了很好的锻炼。不仅如此，我们学校还经常开展各种丰富多彩的展示活动：“诗歌朗诵情满怀”“经典诵读传万代”“我是小小故事王”“书法习惯自小养”“我是快乐的哆、唻、咪”“英语秀我能行”“健康运动我最棒”……孩子们在这些课间活动中，既张扬了个性，又愉悦了身心；既收获了知识，更培养了良好的习惯，形成了各种学习能力。学期结束之前，我们对这些新开设的课程活动进行评估和检测，效果还是不错的，令我们始料不及，更让我们感到兴奋，看到希望。叶圣陶先生说得好：什么是教育？简单一句话，就是养成良好的习惯。

我们的教育最终是要培养合格的人才，所以孩子的快乐、孩子的健康成长才是我们最关注的事情。我们江林小学的孩子在短短的两年时间里，不论是能力、习惯，还是知识都有一个质的飞跃。法国哲学家爱尔维修说：“即便是普通孩子，只要教育得法，也会成为不平凡的人。”总之，作为学校，作为一名教育工作者，为孩子的素质教育买单，我们责无旁贷，任重而道远。

## 美国教育我们真的能学来吗?

近十多年来，我国少数自认为是教育改革家的人，把我国的几十年来的基础教育说得一文不值。不断地要求我们的广大教师转变教育观念，对我国传统的教学方法褒少贬多，代之以美国的中小学教学方法是如何先进之类的种种褒扬，把杜威的实用主义教育学说，奉为当今我国课程改革的理论基础；具有唯心主义倾向的建构主义学说被当作“绝对真理”；“砸掉讲台”“知识不是力量”“教室改为学室”等十分响亮而又十分荒唐的口号，开始在神州大地大行其道，很多时候我们要结合两国的国情和文化背景来仔细分析一下，美国的教育我们真的能学来吗?

1. 小班化教学 or 大班额。从各种渠道了解了美国课堂教学的人们都觉得美国中小学课堂教学灵活，而中国课堂相对死板。美国学校的灵活教学，和美国学校的课堂设置大有关系。在美国中小学，每个班级的人数大约是25名，而中国学校的班级人数是多少？大概是美国课堂人数的几倍吧。美国课堂学生少，老师和学生就有更多的机会互动，课堂教学也就相应地灵活起来了。而在中国，你让一个老师对付50多个学生，如果中国老师想和全班同学互动，一节课就那么点儿时间，一旦互动起来，估计老师就没什么时间讲课了。中国学校的课堂设置，决定了中国中小学的教学只能是“填鸭式”的，美国学校的灵活教学法，在中国根本就行不通。

2. 探究性学习 or 标准化教材和作业。很多学者在介绍美国学生的作业时，都会提到一点，就是经常要求学生去图书馆借书找资料。其实美国学校的这种做法，和形形色色的美国图书馆有关。根据美国图书馆协会的统计，全美约有各类图书馆12万个，平均每2500人就有一个图书馆。其中公共图书馆8956个、大学图书馆3793个、学校图书馆98460个、特别图书馆7616个（包括公司、医学、宗教、法律、财经等图书馆）、军事图书馆265个、政府图书馆1006个。在美国，各类图书馆就是美国学生读不完的教材和百科全书。即使美国老师不用统一的教材，美国学生也可以在图书馆找到答案。请记住这个数据：平均每2500个美国人就有一个图书馆。这个数据，在中国无异于“天方夜谭”。中国社区图书馆的不普及，藏书有限的中小学图书馆又不能为所有的学生提供需要阅读的书籍，这就决定了中国学校必须要有统一的教材和标准化的作业。

3. 丰富的课外运动 or 作业补习。美国孩子普遍喜欢运动，而中国孩子的课外运动却大多被作业和补习替代。其实，美国孩子爱运动，这和美国社区公园的设置有关。在美国，公园不仅仅是消遣散步和看花弄草的地方，一年四季，社区公园都有为孩子们安排的各种课外体育活动。比如一般的社区里，孩子们就能在社区公园进行打网球、划船、踢足球等运动。这种社区公园的课外活动，离家近、学费低，注册方便。社区公园的各种体育活动，一年四季都有专门的活动预告和介绍。在报名前后，课外活动的小册子会及时寄到每个居民的家中，供家长和孩子们选择之用。值得一提的是，这样的社区公园，并不是美国大城市的专利。在他们居住的小镇，孩子们就能享受到社区公园丰富多彩的课外活动。在中国，能有多少这样的公园可以为孩子们提供这种离家近、价格低廉的运动场所呢？如果不布置作业和开展补习活动，孩子们又能在哪里度过他们的课余时间呢？

4. 社会实践 or 政治课。美国孩子的道德教育可以通过校外活动来完成。教堂、童子军、女童军，都可以向美国孩子灌输各种优秀的为人品质。即使美国学校不上政治课，不学白宫文件，美国孩子也会在校外的各种活动中得到人生的指导。宽容、诚实、有爱心、尊敬并服从父母，这些品质是教堂的宗教教育中经常讲述的内容。吃苦耐劳、对人有礼貌、助人为乐、善于和他人合作等，是童子军和女童军需要习练的本领。美国孩子在这样的校外德育教育中，通过日复一日的熏陶，至少会达到聊胜于无的效果。众所周知，宗教和男女童军在中国根本就没有市场，美国课外教育中的这部分，中国完全不能复制。

通过这些简单的对比，我们会发现一个基本的事实：在德、智、体的训练上，中美孩子经历的过程都不一样。中美教育的不同方式和结果，造就了外在和内心都不一样的孩子。在不同的教育体制下，中美孩子的世界观也不一样，他们对待生活的态度也就相应地有所不同了。中国学校根本就无法复制美国教育，我们也就不能期待在中国的大地上把中国孩子改造成美国孩子的模样。和美国教育有关的所有信息，只能供中国家长和教育工作者参考。教育离不开社会这个大环境，只要社会环境不变，中国的教育就很难有什么突破性的改变。立足本国，借鉴美国教育中的积极因素，才是比较现实的做法。

## 为母当如冯顺弟

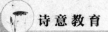

冯顺弟是著名学者胡适的母亲，胡适在她的培育和影响下，从一个三岁丧父的单亲家庭，成长为一个既博学多才又温文尔雅的大学者，一生取得35个博士学位，先后担任过中华民国驻美国大使和北京大学校长等职务。如此成就是怎样炼成的？有人说："一个伟大的人，背后一定有一位伟大的母亲。"的确，孟子背后有孟母，岳飞背后有岳母，莫言背后有莫母，胡适背后也有一位伟大的母亲——冯顺弟。做母亲的，如果没有阅读过胡适的《我的母亲》，那么她的育儿智慧一定是有缺陷的。

胡适在他的《我的母亲》一文中，这么一段话："我母亲管束我最严，她是慈母兼任严父。但她从来不在别人面前骂我一句，打我一下，我做错了事，她只对我一望，我看见了她的严厉眼光，便吓住了。犯的事小，她等到第二天早晨我眠醒时才教训我。犯的事大，她等到晚上人静时，关了房门，先责备我，然后行罚。”

我们仔细想想冯顺弟为何能做到“不怒自威”，就是因为她善于让自己冷静下来，让孩子冷静下来。一个人只有静下心来想问题，才能打开层层包裹看到事情的本质。而现实生活中很多家长总喜欢在气头上来训斥孩子，不分场合和时间，这个时候往往孩子也处于一种情绪逆反的状态，其不但不会到达教育的效果，还往往适得其反；再联想到我们的老师，学生惹老师生气了，如果老师带着“气”去教育学生，估计这样的教育不是教育，而是一种情绪的宣泄，这种行为到底有多大的教育效果，恐怕只有上帝知道了！这种不正常的沟通方式是导致亲子、师生关系紧张与对立的原因之一！

所以为人母、为人师们在和孩子交流时，一定要善于控制自己的情绪，不要被孩子“气死我了”！只有冷静下来，再去跟孩子们沟通，这样的教育才有效果。

## 从哪本书读起

在学校的读书例会上，每一个教师都要谈谈这段时间的读书情况，一个教师抱怨，这么多的教育书籍，你让我从哪本书开始读起呢？我不知道怎么回答，只是给他讲了一个故事：

“卧佛寺的一个小沙弥一天走进寺庙的藏经阁，看到成千上万的经书，马上呆了，他暗想：‘这么多的经书一辈子也读不完啊！’

“他带着疑惑去见老禅师，问：‘那么多的经书，您都读完了吗？我从哪本读起呢？什么时候才能读遍所有的经书，参禅悟道啊？’

“老禅师反问他：‘都说地球是圆的，你认为是吗？’‘我没法判断，我只看见山是尖的，地是平的。’小沙弥实话实话。‘那你认为怎么才能证明地球是圆的呢？’老禅师接着问。‘除非亲自走一圈，不然咋知道呢？’小沙弥若有所思地回答。

“‘那你就先去走一圈吧。’老禅师非常认真地说。听话的小沙弥，下意识地走了几步，马上转过身来，难为情地对老禅师说：‘地球千山万水，绕一圈就是八万余里，我这一生不知道能不能走一圈呢，我证实它是不是圆的又是何苦呢？不如省下时间干点别的。’

“老禅师会心地笑了，他语重心长地说：‘就是啊，经书再多，无非就是佛教佛理，挑几本重要著述深研读、钻研透就行了，何必把它们都读一遍呢？再说了，禅是知觉，靠的是悟性自觉，与读经书多少并不成正比啊！’”

你看老禅师说得多透，我看教师读书与和尚读经有相通之处，教育类的书籍再多，讲的教育原理和规律大同小异，读书再多，不思考和感悟一切都是徒劳；读书再少，有理解和体会都是进步。

## 林书豪的成功如何复制

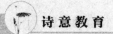

前段时间有三个新闻人物引起我的沉思与困惑。

一个，是合肥某中学的学生陶某，求爱不成便疯狂地将油泼向16岁的女生，将一个清秀女孩烧得面目全非；另一个是郑州某名校高二的优秀生，因为母亲对他学习要求严、压力大，竟残忍弑母，然后若无其事地继续上学，直到被捕受审还说“不后悔”；还有一个是美籍华人林书豪，一个不久前还不为人知的“板凳队员”，一飞冲天，成为全美家喻户晓、华人为之着迷的球星。

纵观这三人的教育与成长之路，再看看今天的结局，展现在我们面前的是巨大的反差。中国的孩子不可能天生有残忍的基因，注定要成为罪犯，关键是我们的教育是否出了一些问题？

今天的中国式教育，是以悄悄地抢跑或揠苗助长的方式，批量生产出一小批望之俨然的“哈佛女孩”“耶鲁小子”，但在此后更远的人生发展中，缺乏从创新能力到精神人格都令人敬仰的大师。相反在持续20余年的沉重单调的机械学习和“唯分数论”的应试机制下，大多数孩子注定要一次次感受心灵的无力和挫败，在一张张考卷之间，失落了对世界、对人生的鲜活了解与追求。

对学校和老师来说，学习成绩仍是教育领域最主要的考量标准，导致一些老师只注重提高成绩，而忽视用爱去感化学生的心灵，维护学生的自尊，相对单一的人才选拔机制，过于繁重的课业训练，忽视创造力和简单粗暴的教育方式，都是现行学校教育的通病。

很多人在问，为什么我们培养不出林书豪式自信、阳光、富有热情和创造力的人才？其实，什么样的教育土壤培育什么样的人才。一个开明、宽容、尊重个人选择的环境，是更肥沃的育人土壤。

学校对于学生来说，不应仅仅是读书学习、获取知识的地方，还应是他最好玩的地方，是成就他梦想的地方。林书豪从少年时代起就一直在篮球场上摸爬滚打，后来考上哈佛，这在华人看来，是多么幸运啊！好好读书才是正道，毕业后不论是从政还是经商，都将前程似锦。但林书豪脑子里并没有“万般皆下品，唯有读书高”的思想，他在校期间没有像一些华裔学生那样成为“书虫”，仍然不离不弃地“泡”在篮球队里，学校教育的最终目的是培养学生成才，什么样的人能成为“才”呢？我想除了丰富的知识以外，好品质、好体质、好心智更为重要。

教师对于学生，理应多一点爱和尊重，在孩子成长过程中，身教的作用不可忽视。强制、粗暴、高高在上的教育方式无疑会给孩子一个坏的样本。而春风化雨、循循善诱、平等交流，则会给孩子好的示范。除了传道授业解惑，教师更应给予学生爱与尊重，多耐心、多笑容、多激励、多趣味、多空间，这样的教育多好。

素质教育推行多年，最终目的就是要培养内外兼修、富于活力和创新精神的人才。林书豪的成功如果可以复制，那需要复制的不仅仅是个人的努力，更要培育可以培养阳光、创新人才的教育土壤。在这个过程中，需要教育观念的转变和职业道德的提升，呼唤建立更宽容、开放、创新、平等的教育机制。